KB111237

모두를 위한
분배

AI 시대의 기본소득

모두를 위한
분배

이노우에 도모히로 지음

김소운 옮김

여문책

차 례

일러두기

• 이 책은 이노우에 도모히로井上智洋의 『AI時代の新·ベーシックインカム論』(光文社, 2018)을 우리말로 옮긴 것이다.

• 독자의 이해를 돕기 위해 인명, 단체명, 정기간행물 등 익숙하지 않은 것은 처음 나올 때 1회만 원어를 병기했다. 주요 개념이나 한글만으로는 뜻을 짐작하기 어려운 용어의 경우에도 한자나 원어를 병기했다.

• 번호로 된 미주는 저자 주이며, 본문 하단의 각주는 옮긴이 주이다.

나는 가정형편이 유복하지 않았던 탓에 학창시절에는 비상용 건빵으로 점심을 해결했을 정도로 궁핍했다. 그런데도 돈 벌려고 아등바등할 마음이 별로 없었다. 돈이 싫었다기보다는 그저 좋아하는 일을 하는 김에 돈도 벌고 싶었다고나 할까. 참으로 세상을 만만하게 보았구나 싶어서 이제는 거듭 반성하고 있다.

정신상태가 그 모양이었으니 지원한 두 회사 중 한 군데는 서류전형에서, 나머지 한 군데는 1차 면접에서 떨어졌고, 그 후로는 취직하기가 싫어서 아예 때려치웠다. 어쩔 수 없이 아르바이트하던 회사의 사장님께 애원해서 정직원이 되긴 했지만 죄송하게도 그 회사 역시 3년도 못 버티고 나왔다. 회사원이 적성에 맞지 않았기 때문이다.

그러나 굼벵이도 구르는 재주가 있다고 공부를 좋아했으므로 다시 대학원에 입학해서 경제학을 배우고 간신히 대학교수가 되었다. 대학원에 들어가서도 졸업할 수 있을지 미지수고, 대학원을 나와서 박사학위를 받아도 대학교수가 되지 못하는 사람이 부지기수다. 그야말로 나는 행운아였던 셈이다.

나의 가장 큰 행운은 다름 아닌 공부 욕심이 있었다는 점이다. 그마저도 없었다면 돈 욕심이 없었던 나는 지금쯤 니트족(NEET: Not in Education, Employment or Training, 일하지 않고 일할의지도 없는 청년 무직자)이 되었을지도 모른다. 그렇게 생각하면지금 내가 니트족이나 노숙자가 아닌 대학교수로 사는 것은결국 우연에 불과하다. 그리고 지금 순탄한 인생을 걷고 있는사람들도 나처럼 운이 좋아서가 아닐까 싶다.

노력해봤자 어차피 성공할지 말지는 운이 판가름한다고 강조하려는 것은 아니다. 그보다는 '노력하는 능력'을 타고난 것자체가 천운이라는 사실이 중요하다. 단, 전부 운이라지만 죽어라 일해서 많은 돈을 번 사람을 부정하지는 않겠다. 모든 사람의 소득을 균등하게 하면 경제는 돌아가지 않는다.

나는 돈 버는 재능이 없지만 그런 재능을 가진 사람을 존경하며, 그런 사람이 대저택에 살거나 고급 차를 몰고 다니는 것도 괜찮다. 반면에 누구나 최저한의 생활을 영위할 수 있는 사회이기를 바라기도 한다.

사람은 질병이나 장애, 실업 등 다양한 이유로 빈곤에 빠진다. 물론 더러는 순전히 노동의욕(=근로의욕)이 없고 게으르기때문이기도 하다. 그런데 공부 욕심이나 노동의욕이 없는 것도 넓은 의미에서는 그 나름대로 장애가 아닐까? 그런 사람들도 마땅히 살아갈 권리가 있지 않을까? 태어나기 전까지 거슬러 올라가면 나 역시 일생을 노숙자로 살았을 가능성을 전혀 부정할 수 없다. 그 가능성을 생각하면 더더군다나 '건강하고 문화적인 최저한의 생활을 영위할 권리'가 보장된 사회이길 간절히 바란다.

이러한 목적에서 마련된 공공부조▾는 실제로는 그런 고매한 이상을 실현하는 제도가 아니다. 일본에서는 수입이 공공부조 기준액 이하인 세대 가운데 수급비를 받지 않는 세대가 80퍼센트라고 한다.

빈곤층의 생활은 공공부조 수급을 받느냐 못 받느냐에 따라 천국과 지옥만큼 차이가 난다. 80퍼센트의 세대가 지옥 같은 생활을 하는 것이다. 따라서 우선 현재의 공공부조제도를 확충해 나머지 80퍼센트의 사람도 수급할 수 있도록 개선안을 마련하는 것 또한 하나의 방법이다. 그러나 그런다고 정말로 가난한 사람들이 빠짐없이 수급을 받을 수 있을지는 심히 의심스럽다.

그렇다면 차라리 모든 국민에게 돈을 지급하고 그만큼 부자들로부터 더 많은 세금을 징수하면 어떨까 하는 의견도 등장한다.

▾ Public Assistance   우리나라에서는 1995년 12월 30일 '사회보장기본법'이 제정되면서 '공적 부조'에서 '공공부조'로 용어가 변경되었다. 2000년 10월부터 시행하고 있는 '국민기초생활보장법'에 따른 수급대상자는 다음과 같다. 가구의 소득평균가액과 재산의 소득환산액을 합산한 소득인정액이 최저생계비 이하이고 부양의무자가 없거나 부양의무자가 있어도 부양능력이 없는 65세 이상의 노령자, 18세 미만의 아동, 임산부, 불치병이나 신체장애로 근로능력이 없는 자 등이다.

이러한 제도를 '기본소득Basic Income(BI)'이라고 한다. 수입의 수준과 무관하게 모든 사람에게 아무 조건 없이 최저한의 생활을 하는 데 필요한 돈을 일률적으로 지급하는 제도다. 가령 한 달에 7만 엔(한화로 약 76만 원)이면 다달이 7만 엔을 남녀노소 불문하고 모든 국민에게 지급하는 방식이다. 세대별이 아니라 개인을 단위로 해서 지급하는 것도 중요한 특징이다.

매달 7만 엔을 지급할 경우 3인 가족이라면 21만 엔, 4인 가족이라면 28만 엔을 수급할 수 있다. 그 돈에 보태서 매달 15만 엔 정도 번다면 먹고살기에 충분할 것이다.

심각한 질병이나 장애 같은 악조건을 짊어진 사람에게는 별도의 혜택이 필요하겠지만 그 밖의 모든 빈곤에는 기본소득으로 대처할 수 있다.

눈곱만치도 일할 마음이 없어서 7만 엔만으로 살고 싶은 독신자는 도시에서도 셰어하우스share house를 하거나, 지방으로 가면 혼자서도 충분히 먹고산다.

기본소득의 가장 뛰어난 점은 가난한 사람 모두를 남김없이 구제할 수 있다는 것이다. 먹고살 길이 막막하지 않으면 가난에 직면한 사람들의 삶은 더 밝고 건강해질 것이다. 게다가 공공부조와 달리 일한 만큼 수급액을 줄이는 것도 아니므로 노동의욕이 약해지지도 않는다. 기본소득은 '빈곤의 덫'에서 빠져나오기 힘들다는 공공부조의 결점을 극복한 제도다.

많은 사람이 기본소득을 꿈같은 이야기로 여길 테지만 핀란드에서는 정부와 여당이 이 제도를 도입하기 위한 준비를 추진 중▼이며, 인도에서는 2020년까지 한두 개의 주에서 도입할 예정이다. 이란에서는 석유로 얻는 공적 수익을 국민에게 분배하며, 이미 그것만으로 최저한의 생활이 가능하다. 그런데도 이란 사람들의 노동의욕은 거의 낮아지지 않는다.

현재 세계적으로 과거 어느 때보다 기본소득에 관한 논의가 활발하게 이루어지고 있다. 그 배경은 인공지능Artificial Intelligence(AI)과 로봇이 많은 사람의 일자리를 빼앗으리라 예상하기 때문이다.

일본에서도 이러한 논의가 이루어지고 있어서 조만간 기본소득이 도입되리라고 낙관적으로 생각한다. 하지만 최대한 빨리 기본소득을 도입하려면 이 제도를 널리 알려야 한다. 그것이 이 책을 쓴 주된 목적이다.

다만 이미 기본소득에 관한 좋은 책들이 몇 가지 출판되어 있으므로 이 책에서는 단순히 기본소득이라는 제도의 소개만이 아니라 기본소득과 화폐제도, 인공지능과의 관계에 대해 독자적인 관점에서 논하기로 하겠다.

그리고 이 책은 기존에 출판된 졸저 『2030 고용절벽 시대

▼ 핀란드에서는 2017~2018년 2년간 2,000명에게 매달 560유로(약 74만 원)를 지급하는 실험을 진행했으며, 2019년 2월에 "고용은 못 늘렸지만 실험 참가자들의 행복도를 높이는 데 기여했다"는 1차 예비결과가 발표된 바 있다. 이를 두고 실험 규모가 너무 작았던 점이 한계로 지적되었다.

가 온다—4차 산업혁명은 일자리를 어떻게 변화시킬까?』,
『헬리콥터 머니ヘリコプターマネー』와 내용이 일부 겹친다는
점을 양해해주기 바란다.

　이 책의 1장에서는 기본소득에 관한 기초적인 지식을 소개
하고, 2장에서는 기본소득의 재원과 구체적인 제도에 관해 다
룬다. 기본소득에는 항상 재원문제가 따라다닌다. 이 문제를
해소하는 시도인 동시에 구체적인 제도로서 고정 기본소득과
변동 기본소득으로 이루어진 '이중구조의 기본소득'을 제안
한다.

　3장에서는 화폐제도에 관한 의견을 말한다. 머잖아 화폐제
도의 개혁이 필요하지만 기본소득을 도입하는 데 필수는 아
니다. 그러나 화폐제도의 개혁은 더 평등하고 더 풍요로운 기
본소득제도를 가능하게 한다.

　4장에서는 향후 인공지능의 급속한 진보가 실업과 빈곤층
을 증가시키는 가능성에 관해 논하고, 그러한 문제에 대처하
기 위해 기본소득이 필요하다는 주장을 펼친다.

　5장에서는 다양한 정치경제 사상에 관해 다루고 그 안에서
기본소득을 평가한다. 게으른 사람에게도 기본소득을 지급하
는 것이 어째서 옳은가. 본래 게으른 것은 잘못인가. 일본인이
상식으로 여기는 노동윤리는 보편적인 가치를 갖는 규범인
가. 그러한 문제들도 심도 있게 살펴보겠다.

1장

기본소득
입문

런던이 스스로의 무게 때문에 비틀거리는 것을 막아.
앞으로는 몸에 비해 머리가 지나치게 커지는 일이 없도록 하고.[1]

— 로렌스 스턴Laurence Sterne, 『트리스트럼 샌디 1』

기본소득이란 무엇인가?

지역재생은 원래가 지는 싸움

내가 전문으로 연구하는 '매크로 경제학'은 통화량의 수축에 따른 불황과 실업의 요인을 모색하거나 한 나라의 국내총생산GDP이 어떻게 결정되는지를 분석하는 경제학 분야다. 매크로 경제학은 경제학부의 학생에게조차 별로 인기가 없어서 세미나 주제가 매크로 경제학이면 학생을 모으기가 힘들다. 수학적으로 어렵기도 하거니와 경기 동향은 멀게만 느껴져서 가까이 할 엄두가 나질 않는 모양이다.

그래서 나는 세미나에서 '경제문제와 경제정책'이라는 상당히 포괄적인, 말하자면 지조 없이 마구잡이로 주제를 내건다. 세미나에 참석한 학생은 자유로이 경제문제를 골라서 해결방법을 궁리한다. 주로 고용문제와 소득 격차, 그리고 지역재생이 인기가 많다. 학생이 발표할 때마다 드는 생각이지만 지역재생은 몹시 힘들고 어려운 싸움이다. 지방에서 도쿄처럼 소득이 높은 도시로 끊임없이 인구가 유입되기 때문이다.

도쿄의 평균연봉은 600만 엔 정도로 전국 최고여서 전국 평균인 420만 엔과 상당한 차이가 있다. 어째서 도시가 소득이 높은가. 그것에는 명백한 이유가 있다.

바야흐로 새로운 기술과 아이디어, 비즈니스 모델이 돈이 되는 시대다. 나는 그런 경제를 '두뇌 자본주의'라고 부른다. 원래는 고베대학의 마쓰다 다쿠야▼ 명예교수가 만든 말이다.

이 두뇌 자본주의에서는 '집적集積의 이점'이 생긴다. 다시 말해 두뇌를 가진 사람들이 모여서 교류해야 새록새록 새로운 아이디어가 샘솟는다.

그 극단적인 예가 실리콘밸리다. IT 기업이라면 원격지에서도 얼마든지 인터넷을 통해 일을 교환할 수 있으련만 왜 굳이 임대료가 비싼 실리콘밸리에 회사를 차렸을까?

그 까닭은 비슷한 뜻을 가진 창업자끼리 와인 파티나 바비큐 파티를 열고 은밀히 정보를 교환하면 새로운 비즈니스 아이디어가 생기기 때문이다.

실리콘밸리만큼 밀집되어 있지는 않아도 도쿄에서도 부단히 이러한 정보교환이 이루어지고, 집적의 이점이 발생한다. 그래서 도쿄는 소득이 높은 지역이 되며, 고소득을 바라고 지방에서 모여드는 사람들 때문에 집적도가 높아지는 선순환이

▼ 松田卓也 1943~. 우주물리학자이자 이학박사로 전 일본천문학회 이사장, 민간 비영리 단체NPO 법인 아인슈타인 부이사장, 나카노시마中之島 과학연구소 연구원, 교토대학 공학부 항공공학과 조교수, 고베대학 이학부 지구혹성과학과 교수, 국립천문대 객원교수 등을 역임했다. 주요 저서로 「인류를 능가하는 AI는 일본에서 탄생한다人類を超えるAIは日本から生まれる」, 「2045년 문제—컴퓨터가 인류를 능가하는 날2045年問題—コンピュータが人類を超える日」, 「인공지능의 도시전설人工知能の都市傳説」, 「실수투성이 물리학間違いだらけの物理學」 등이 있다.

일어난다.

반대로 지방은 인구가 적어서 집적의 이점을 얻을 수가 없고, 소득이 늘지 않으므로 사람들이 점점 도시로 간다. 물론 지방에도 관광자원이 풍부하거나 특산품 덕분에 소득이 높은 지역도 있다. 그런 곳은 지역을 크게 활성화하면 되고 실제로 가능할 것이다.

문제는 딱히 아무런 강점도 없는 지역이다. '어떤 지역에나 강점은 있다'라는 허울 좋은 말을 해봤자 해결되는 것은 아무 것도 없다. 강점이 있다고 해서 반드시 돈벌이로 이어지리라는 보장은 없으며, 강점이 약하면 강점이 강한 지역의 그늘에 가려져서 상대적으로 돈벌이가 신통치 않은 법이다.

어쨌거나 계속 지방에서 도시로 인구가 유입되는 한 지역재생의 문제는 대체로 지는 싸움일지언정 어떻게 끝까지 더 잘 싸우느냐가 관건이다.

이러한 인구의 유입을 역전시키는 방법은 최소한 두 가지다. 하나는 '가상현실virtual reality(VR)'이 고도로 발달하는 것이며, 또 하나는 '기본소득'을 도입하는 것이다.

멀리 떨어져 있는 사람들이 가상현실을 통해 와인 파티나 바비큐 파티에 참석해서 현실과 진배없는 체험이 가능하면 굳이 도시가 아니어도 첨단정보를 얻을 수 있다.

그럼 또 다른 하나인 '기본소득'이란 무엇일까?

기본소득은 아동수당 + 성인수당

'기본소득'은 수입의 수준에 따라서가 아니라 모든 사람에게 무조건 최저한의 생활을 하는 데 필요한 돈을 일률적으로 지급하는 제도다. 일반적으로는 지역재생이 아닌 가난한 빈민층을 구제하기 위한 제도로서 구상한다.

나는 종종 기본소득을 '아동수당 + 성인수당', 즉 모든 수당이라고 표현한다. 이를테면 매달 7만 엔의 돈을 남녀노소를 불문하고 모든 국민에게 지급한다. 세대별이 아니라 개인을 단위로 지급하는 것도 중요한 특징이다.

사회보장제도의 일종인 기본소득은 공적인 수익의 분배, 다시 말해 '국민배당'이라는 의미로 쓰이기도 한다. 그 예로서 이란과 미국의 알래스카 주에서는 정부가 석유 등의 천연자원을 통해서 얻는 수익을 국민에게 분배하므로 이것도 기본소득적 요소를 가진 제도로 평가한다.

'기본소득적'이라고 한 까닭은 특히 알래스카의 경우 그 지급액이 연간 수십만 엔이어서 최저한의 생활을 하는 데 필요한 액수에는 못 미치기 때문이다. 한편 이란의 지급액은 연간 약 180만 엔이며 최저한의 생활을 보장하기 위한 목적은 아니지만 사실상 기본소득이라고 할 수 있다. 최저한의 생활이 보장되도록 지급해야 비로소 그 제도는 '완전한 기본소득'이라고 부를 수 있다.

일본에서 만일 1인당 월 7만 엔을 지급한다면 어떨까? 혹자는 무슨 수로 월 7만 엔으로 생활하느냐고 성낼 테지만 도쿄 같은 도시에서는 힘들어도 지방이라면 장소에 따라서는 가능하다. 아마미오 섬奄美大島(가고시마鹿兒島 현 남쪽에 있는 아마미奄美 제도 중 가장 큰 섬)에서는 월 5,000엔으로 집 한 채를 빌릴 수도 있다.

1인당 7만 엔이면 세대 전체 수입은 3인 가족의 경우 21만 엔, 4인 가족의 경우 28만 엔이다. 달리 수입이 없어도 가족이나 다른 사람과 함께 살면 도시에서도 혼자 생활할 수 있다. 혹은 수급한 7만 엔에 아르바이트해서 10만 엔가량 보태면 어느 지역에서나 충분히 혼자 먹고산다.

수급액을 얼마로 할지가 자주 논의되는데, 일본의 경우는 제안하는 사람에 따라 1인당 5만~15만 엔으로 상당한 차이가 있다. 지급액이 적으면 최저한의 생활조차 힘들고, 반대로 지급액이 너무 많으면 노동의욕을 상실하거나 인플레이션을 초래한다고 예상한다.

내가 7만 엔으로 가정한 까닭은 대체로 그 액수라면 그럭저럭 최저한의 생활이 가능한 동시에 일을 그만둘 수 없다고 생각하기 때문이다.

이점

기본소득은 유럽에서는 18세기부터 주장한 오래된 발상이긴 하지만 현재 주요 국가에서는 도입한 적이 없다. 그러나 최근에 기본소득을 도입하려는 운동이 특히 유럽 국가들을 중심으로 활발하다. 기본소득의 도입에는 다양한 이점이 있어서 기본소득이 최근 산업국에서 확대되는 격차와 증가하는 빈곤층을 개선하기 위한 수단으로 기대를 모으기 때문이다. 가장 큰 이점은 누구나 생계 걱정 없이 안심하고 살 수 있다는 것이다.

공공부조가 있으니 빈곤층으로 전락해도 안심하고 살 수 있다고 생각하는 사람은 별로 없을 것이다. 최저한의 생활을 보장한다지만 공공부조는 결점투성이의 안전망이며, 수급 자격이 있는 사람의 20퍼센트 정도만 혜택을 받는다.

최저한의 생활조차 보장되지 않는 이러한 상황에서는 단순히 생활이 곤궁한 것 이외에도 위법적 노동착취를 일삼는 '블랙기업일지언정 참고 다녀야만 한다', '병을 앓고 있어도 일을 계속해야 한다', '폭력을 일삼는 남편과 이혼할 수가 없다', '육아휴직 기간이 너무 짧다'라는 등의 다양한 문제가 발생한다.

기본소득이 있는 사회는 이러한 문제들을 어느 정도 해소할 수 있다. 실제로 1974년 캐나다의 도핀Dauphin(캐나다 마니토바Manitoba 주 남서부의 도시)이라는 마을에서 실시한 기본소득에 관한 실험에서는 가정폭력domestic violence(DV)이 감소하고, 육아휴직 기간이 길어지는 것을 확인했다. 그뿐만 아니라 주민의 정신건강이 개선되고, 교통사고가 감소하며, 질병과 부상에 따른 입원 기간이 대폭 줄어들고, 학생의 학업성적이

향상하는 뜻밖의 효과도 나타났다. 아마도 기본소득 덕에 생긴 시간과 마음의 여유가 모든 방면에 걸쳐 바람직한 파급효과를 가져온 듯하다.

단기적인 실험으로는 가늠할 수 없으나 출산율 저하를 개선하는 효과도 기대할 수 있다. 어른만이 아니라 모든 아동에게도 7만 엔이라는 돈이 지급되므로 자녀가 많은 가정은 그만큼 유복해진다. 요즘에는 상대방의 수입을 고려해 결혼을 결정하는 여성이 적지 않다. 그런데 기본소득이 있는 사회에서는 설사 상대방의 수입이 적어도 결혼해서 아이를 낳고 키울 수 있다.

그리고 전국 어느 지역의 주민에게나 7만 엔이라는 돈을 일률적으로 지급할 경우 닥치는 대로 일해서 부자가 되겠다는 사람이 아니면 풍족하게 생활하기에는 지방이 더 낫다.

혹자는 생활비가 많이 들므로 도시의 기본소득 지급액을 늘려야 한다고 주장하기도 한다. 하지만 동일한 액수로 해야 지방에서 도시로의 인구 유입을 억제할 수 있다는 의미에서 바람직한 듯싶다. 그렇지 않으면 지역재생은 대개 해결할 수 없는 문제로 골치만 앓다가 끝나버리고 만다.

도쿄에 밀집하는 이점도 없지는 않다. 그만큼 얻는 집적의 이점이 크기 때문이다. 그러나 수도권의 교통기관은 마비되기 직전이고, 무엇보다 대형 재난이라도 일어났다가는 인명 손실이 막대할뿐더러 일본 경제가 붕괴할 위험도 있다.

지방만이 아니라 도쿄 같은 대도시를 위해, 그리고 일본 전체를 위해서라도 전국에 일률적으로 지급하는 기본소득으로 인구의 유입을 역전시켜서 도시 밀집 현상을 완화해야 한다.

　그 밖의 큰 이점으로 기본소득은 진정한 의미에서 인간을 자유롭게 한다는 점을 들 수 있다. 물론 우리는 지금도 직업 선택의 자유와 거주의 자유가 보장되고, 국가별로 제한하는 것이 적은 사회에 살고 있긴 하다.

　하지만 목구멍이 포도청이라고, 현실적인 제약 때문에 팔리지 않아도 계속 그림을 그리고, 연주하고, 소설을 써야 한다면 실질적인 자유는 없는 것과 같다.

　기본소득이 있는 사회는 하고 싶은 일을 계속 추구할 자유가 실질적으로도 존재하는 사회다. 그렇다고 해서 모든 국민이 예술가를 꿈꾼다면 경제는 돌아가지 않을 게 뻔하다.

　실제로 7만 엔가량 수급한다고 회사를 그만두는 사람은 많지 않다. 많은 젊은이가 현재 평균 17만 엔 정도인 대졸 초봉의 실수령액에 불만을 느끼기 때문이다. 따라서 기본소득을 7만 엔가량 지급한다면 돈이 될지 말지 모르는 창작 활동에 몰두하는 사람이 지금보다 늘어나는 정도에 그친다.

　그러나 차후에 경제성장에 맞춰서 수급액을 늘려나간다면 실질적인 자유는 확충된다. 동시에 이 사회는 모두가 아침부터 밤까지 마지못해 일하는 답답한 사회에서 끝없이 문화가 꽃피는 밝은 사회로 바뀔 것이다.

단점

앞서 언급했듯이 기본소득의 단점으로 흔히들 노동의욕의 저하를 꼽는다. 노동하지 않아도 최저한의 생활이 가능하다면 누가 일하려고 하겠느냐는 것이다.

기본소득만이 아니라 많은 사회적 문제에도 해당하는 말인데 만사를 이분법적이 아니라 단계적으로 보아야 한다. '기본소득을 도입하면 노동의욕이 낮아질까?'라는 질문에 '예'나 '아니요'로 대답해서는 안 된다. '지급액에 따라 다르다'라고 해야 옳은 답이다. 일반적으로 지급액이 많을수록 노동의욕은 줄어들지만 적으면 그다지 낮아지지 않는다.

월 50만 엔이나 기본소득을 받는다면 많은 사람이 회사를 그만둘 것이다. 실제로 30명의 학생에게 설문조사를 했더니 하나같이 월 50만 엔의 수급이 평생 보장된다면 취직하지 않겠다고 응답했다.

한편 이제까지 실시한 기본소득에 관한 실험에서는 엔으로 환산하면 다달이 3만~15만 엔 정도를 지급했는데, 그 정도로는 노동시간에 별 차이가 없었다.

앞서 들었던 캐나다의 도핀에서 실시한 실험에서 줄어든 총 노동시간은 남성이 1퍼센트, 기혼여성은 3퍼센트 정도에 그쳤다.

더욱이 그 이유의 대부분은 자녀와 보내는 시간을 늘리거나 10대 젊은이가 생계를 유지하려고 일하지 않아도 되었기 때문이다. 요컨대 사회적으로 바람직하다고 생각되는 형태로 노동이 감소한 것이다.

수급액에 맞는 논의를 하는 대신 기본소득이 노동의욕의 저하를 초래한다고 단정하는 사람이 적지 않다. 그 이유를 들면 기본소득이 개개인의 노동량과 무관하게 똑같은 액수의 소득을 얻는 제도라고 착각하기 때문이다. 일해서 얻는 수입을 전부 국가가 가져가서 국민에게 골고루 분배하는 '공상적 사회주의'인 양 오해하는 것이다.

거기에는 많은 기본소득 지지자들 스스로가 기본소득이 '노동'과 '소득'을 분리하는 것이라고 선전하며 오해를 퍼뜨린 영향도 있다. 기본소득이 있는 사회에서는 노동과 무관하게 소득을 얻지 않는다. 지금의 사회와 다르지 않아서 일하면 일할수록 소득이 늘어난다.

기본소득을 도입해 7만 엔을 받더라도 일해서 20만 엔의 소득을 올리면 지금까지처럼 세금을 제한 나머지는 모두 자신의 실수령액이다. 기본소득은 생존에 필요한 최저한의 돈을 지급해서 '노동'과 '생존'을 분리하는 제도지 '노동'과 '소득'을 분리하는 제도가 아니다.[2] '일하지 않는 자, 먹지도 말라!'[3]를 실현하는 수단이 기본소득이다.

기본소득 수급액 7만 엔만으로 최저한의 생활을 했던 사람이 일을 한다고 해서 그 액수가 줄어들지는 않는다. 그 점이 공공부조와는 결정적으로 다르다.

공공부조 수급자가 일해서 임금소득을 얻으면 그만큼(전부는 아니지만) 지급액은 줄어든다. 그러므로 공공부조는 일할 의욕을 해치기 쉬운 특징을 가졌으며, 빈곤의 덫에서 벗어나기 힘들게 한다. 적어도 노동의욕 면에서 비교하면 기본소득은 공공부조보다 뛰어난 제도다.

말이 나온 김에 얘기하는데, 기본소득을 도입하면 사람들이 타락한다는 생각 또한 오해다. 서아프리카의 라이베리아 공화국Republic of Liberia에서는 빈민가에 사는 알코올중독자와 마약중독자, 경범죄자에게 200달러(약 21만 원)를 지급하는 실험을 했다. 그들은 그 돈으로 술과 마약이 아니라 식료품과 의복, 복용할 약 등 생활에 필요한 것들을 샀다고 한다.[4]

이렇듯 기본소득과 관련된 커다란 두 가지 오해, 다시 말해 '노동의욕을 상실한다', '사람들이 타락한다'라는 고정관념에서 벗어나면 기본소득의 실현을 향해 우리 사회는 몇 걸음 더 전진할 수 있다.

기본소득의 실현에 이르는 길을 막는 가장 큰 벽은 재원을 염려하는 목소리와 '일하지 않는 자, 먹지도 말라!'라는 노동윤리다. 전자에 관해서는 2장에서, 후자에 관해서는 5장에서 상세히 논하겠다.

더욱이 기본소득을 도입하면 이혼율이 높아진다고 우려하는 목소리도 있다. 그런데 이는 기본소득의 단점이 아니라 장점이 아닐까. 기본소득을 도입하면 남편의 폭력과 폭언에 시

달려도 경제력이 없어서 이혼하지 못했던 전업주부가 자립해서 살 수 있으니까.

기본소득은 여성이 안고 있는 심각한 인권문제를 해소하는 수단이 될 수 있다. 오늘날 일본에서는 생활고 때문에 어쩔 수 없이 매춘에 종사하는 여성들이 많다. 이러한 상황은 기본소득이 도입되면 상당히 개선될 것이다.

도시샤同志社대학의 야마모리 도오루山森亮 교수가 『기본소득 입문ベーシック·インカム入門』에서 상세히 논했듯이, 특히 미국에서는 역사적으로 미혼모와 전업주부 등이 여성의 권리를 획득하기 위한 운동에서 기본소득을 요구하는 목소리를 높여왔다. 여성만이 아니라 국가가 그들의 처지를 이해하지 못한 탓에 모든 부조扶助의 대상에서 제외되었던 사람들도 포함해 약자의 처지에 놓인 모든 사람이 부조를 받는 것이 기본소득의 최대 장점이다.

그 밖에 우려하는 단점은 예를 들어 깡패인 남자가 수입을 얻을 목적으로 아내에게 아이를 열 명쯤 낳게 해서 달마다 총 84만 엔(7만 엔×12)을 받고, 심지어 그 돈을 대부분 아이들의 교육비가 아닌 슬롯머신이나 경마 같은 도박으로 탕진하는 것도 모자라서 노동은커녕 양육조차 나 몰라라 하는 경우다.

만일 이러한 일이 실제로 일어나면 매스컴은 새삼스레 큰 문제인 양 보도할 것이다. 하지만 아무리 훌륭한 제도일지라도 으레 악용하는 인간이 나오기 마련이다. 입학시험에서 부정행위를 한다고 해서 입시제도 자체를 없애자고 한다면 어불성설 아닌가. "구더기 무서워 장 못 담글까"라는 속담처럼 그것이 기본소득을 도입하지 않는 이유는 될 수 없다.

기본소득 대 공공부조

소득보장제도

기본소득은 사회보장제도 중에서도 특히 '소득보장제도'의 일종으로 평가한다. 이는 국민의 생활을 보호하기 위해 정부가 국민에게 돈을 지급하는 제도다. '사회보험'인 소득보장제도는 일반적으로 생활에서 생기는 질병과 노령화 등의 다양한 위험에 대비하기 위한 제도로 '의료보험'과 '연금보험' 등이 있다. '공적 부조'는 최저한의 생활을 보장하기 위한 제도로 일본에서는 공공부조로서 구체화하고 있다. '사회수당'은 보험료 징수 없이 지급되며, '육아수당'과 '아동부양수당' 등이 있다. 민주당 정권 시절에는 '자녀수당'이라고 불렀던 '아동부양수당'은 이른바 모자母子수당이며, 2010년부터는 부자父子가정에도 지급된다.

　기본소득은 이러한 '소득보장제도'를 대신할 가능성이 있는 제도다. 단, 한편에서는 기본소득을 도입해야 한다고 주장하고, 다른 한편에서는 기존의 사회보장제도를 그대로 두어야 한다고 주장하기도 한다. 그러나 대개는 이 중 몇 가지를 폐지하고 몇 가지를 존치해야 한다는 중립적인 주장을 한다.

일본에서는 특히 제 기능을 못 하는 공공부조제도를 폐지(또는 대폭 축소)하고 기본소득을 도입하자는 주장이 강하다. 여기서는 기본소득을 공공부조와 비교한 다음 어떠한 소득보장제도를 기본소득으로 대체할 수 있는지 검토해보겠다.

기본소득은 보편주의적 사회보장제도

기본소득은 '보편적 사회보장제도'로 평가할 수 있다. 공공부조가 '선별적 사회보장제도'인 것과는 대조적이다.

공공부조는 헌법 25조에서 규정한 '건강하고 문화적인 최저한도의 생활을 영위할 권리'를 보장하기 위한 제도지만 실제로는 제구실을 못 한다.

이른바 '미즈기와 작전'˚을 채택해 질병을 앓고 있는 경우조차 공공부조 창구라는 자격심사 단계에서 신청을 거절당하기도 한다. 그래서 공공부조 수급대상이 아니라고 지레 포기하고 신청하지 않는 사람도 많다.

신청이 수리된 경우라도 자산조사를 통해 신청자 본인뿐만 아니라 가족과 친척의 수입과 저축까지 조사해 기준을 통과

▼ 水際作戦 공항과 항만 등의 검역시스템을 강화해 입국 단계에서 감염 의심자를 철저히 격리, 차단하거나 테러리스트의 입국을 차단하는 선제적 차단대책.

해야만 실제로 수급 자격을 얻는다.

그러므로 공공부조 기준액 이하의 수입이 전부인데도 수급하지 못하는 세대가 일본에는 특히 많아서 과세대상 소득 중 세무서가 파악하고 있는 소득의 비율을 뜻하는 소득포착률 income reporting rate이 20퍼센트라고 한다. 엄연히 지급받을 권리가 있는 80퍼센트가 실제로는 받지 않는 실정이다.

그에 대해 기본소득은 일하든 말든, 질병이 있든 없든 따지지 않는다. 부자인지 가난한지도 상관없다. 전 국민이 골고루 수급하므로 어이없이 제외되지 않으며, 아무도 굴욕을 맛볼 일이 없다. 따라서 기본소득은 보편주의적 사회보장제도라고 할 수 있다.

기본소득은 또한 빈곤한 이유를 묻지 않는다. 미국의 경제학자 밀턴 프리드먼˅은 『자본주의와 자유』의 12장 「빈곤의 완화」에서 다음과 같이 말했다.

빈곤의 완화가 목적이라면 우리는 가난한 사람들을 돕는 데 방향을 맞춰 정책을 수립해야 한다. 가난한 사람이 하필 농부라면, 농부이기 때문이 아니라 가난하기 때문에 그 사람을 도와

˅ **Milton Friedman** 1912~2006, 이른바 머니터리즘monetarism, 즉 통화주의 또는 화폐주의라는 독자적인 화폐관과 금융정책관에 입각한 신 화폐수량설의 체계를 확립했다. 시카고학파의 중심적 존재로서 신자유주의의 지도자 중 하나다. 1976년 노벨경제학상을 수상했다. 주요 저서로 『자본주의와 자유』, 『화폐경제학』, 『대공황 1929~1933년』 등이 있다.

야 할 충분한 이유가 있는 것이다. 다시 말해 그 정책은 사람들을 그저 사람들로 보고 돕는 것이어야지, 그 사람들이 특정한 직업 집단, 연령 집단, 임금률 집단, 노동조직이나 업계의 구성원이기 때문에 도와주는 것이어서는 안 된다는 것이다. 이 점이 바로 농업 프로그램, 일반 노령연금, 최저임금법, 노동조합 우대입법, 관세, 각종 기능과 전문직의 면허제도 등에 지천으로 널려 있는 결함이다. 둘째, 시장을 통해 작용하는 과정에서 정책이 시장을 왜곡하거나 시장기능을 방해해서는 안 된다. 이는 가격 지지, 최저임금법, 관세 등이 갖는 결함이다.[5]

프리드먼은 농민 또는 고령자가 단지 가난하다는 이유로 도와주자는 생각은 잘못되었으며, 빈곤을 줄이고자 한다면 정부는 이유를 불문하고 가난한 사람을 모두 부조해야 한다고 주장한다.

누구라도 모자가정이나 실업 같은 다양한 이유로 빈곤에 허덕일 수 있다. 현재 이런 명확한 기준의 빈곤에 대처하기 위해 아동부양수당(모자수당)과 고용보장 등이 제도화되어 있다. 거꾸로 말하면 정부가 인정하지 않는 이유로 빈곤에 허덕이는 경우에는 이러한 구제를 받을 수 없다.

그런데 모든 사람이 급부의 대상인 제도는 불필요하다. 그리고 기본소득을 도입하고 기존의 여러 가지 사회보장제도를 폐지한다면 사회보장에 관한 행정제도는 극도로 간소해진다.

물론 사회보장에 드는 사무절차와 행정비용도 큰 폭으로 줄어든다.

질병이 있는 사람이라면 몰라도 게으른 사람을 구제해서는 안 된다며 반대하는 사람이 많을 것이다. 그러나 환자와 게으름뱅이를 엄격히 구별하기는 불가능하지 않을까. 이 문제 또한 이분법적 사고에서 벗어나 단계적으로 보아야 한다.

발달장애와 대인공포증은 질병일까? 소통장애는 질병일까? 알코올중독 환자는 어떨까? 과연 이러한 문제에 간단히 대답할 수 있을까? 몸 상태가 나쁜데도 병명이 명확하지 않을 때도 있다. 실제로 우울증은 예전에는 게으름뱅이병이라고 여겼다. 혹은 병이 아니라고 엄연히 증명되었는데도 일하지 않아서 노숙자로 전락했다고 하자. 그 사람은 구제받아야 할까, 내버려둬야 할까?

결론부터 말하면 나는 노동의욕이 없는 것 역시 모종의 장애로 간주해야 하므로 게으른 사람 또한 구제해야 한다고 생각한다. 이 점에 관해서는 5장에서 다시 상세히 검토하겠다.

어쨌든 국고를 써가며 게으른 사람에게 유명인사 못지않은 호사를 시키면 경제는 엉망이 될 게 뻔하다. 따라서 정부는 게으름뱅이도 포함한 모든 사람의 생활을 최저한으로 보장하는 데 그쳐야 한다. 여기서 주의할 점은 모든 사람을 구제한다고 해도 기본소득은 어디까지나 빈곤에 대처하는 것이지 그 이상은 아니라는 것이다.

앞에서 소득보장제도는 일반적으로 '사회보험', '공적 부조', '사회수당'으로 나뉜다고 말했다. 그러나 이것은 현 제도의 형태를 고려한 분류이므로 애초에 그 형태가 타당한가 하는 문제도 있다.

가령 고용보험과 연금보험이 반드시 보험료를 징수해서 보험금(연금)을 내는 '보험제도'의 형태를 취할 필요는 없다. 실업자와 고령자에 대한 급부를 보험료가 아닌 세금으로 충당할 수도 있으며, 실제로 그렇게 하는 나라도 있다.

현 제도의 형태는 고려하지 않고 목적만을 본다면 소득보장제도는 다음의 두 가지로 나뉜다.[6]

- 빈곤층 지원(공공부조, 고용보험, 아동수당, 아동부양수당)
- 장애인 지원(연금보험, 노인장기요양보험, 의료보험, 특별장애인수당)

우선 실업과 모자가정은 '빈곤'을 초래하기 마련이다. 한편 노령과 질병, 자리보전하고 있거나 신체장애가 있을 경우는 '빈곤'을 초래할뿐더러 늘어나는 의료비와 그 자체로 말미암은 고생도 문제이므로 '장애'로 분류하는 것이 적절하다.

기본소득은 모든 빈곤층의 지원을 대신할 수 있으나 장애인과 다치거나 병든 사람의 지원은 대신할 수 없다. 따라서 기본소득을 도입하더라도 후자는 기존의 제도를 유지해야 한다.

아동부양수당(모자수당)은 기본소득을 도입한 후에도 계속 필요한 제도라는 주장도 있다. 현재 아동부양수당의 자녀가 한 명인 모자가정이 매달 받는 수급액은 최대 4만 2,000엔이다. '최대'라고 한 까닭은 소득이 낮지 않으면 책정된 전액을 받지 못하기 때문이다. 모자가정이라도 돈을 벌면 그만큼 수급액은 적어진다.

4만 2,000엔에 아동수당 1만 5,000엔(0~3세 미만)을 보태도 고작 5만 7,000엔이다. 그에 비해 1인당 7만 엔을 지급하는 기본소득의 경우 엄마와 아이의 몫을 합친 14만 엔이 지급된다. 기본소득이 도입되면 모자가정은 분명 한층 더 풍족해질 것이다.

기원과 역사

3인의 토머스와 토지의 분배

방향을 바꿔서 기본소득의 역사를 살펴보겠다. 기본소득의 기원을 더듬어 올라가면 영국인 사상가인 '3인의 토머스'에 도달한다.

『유토피아』를 저술한 토머스 모어,▼ 정치 팸플릿 『상식 Common Sense』으로 미국의 독립을 촉구한 토머스 페인,▼▲ 그리고 페인과 동시대 사람인 토머스 스펜스▼▲▼다.

우선 16세기에 토머스 모어가 『유토피아』라는 가공할 여행기로 굶주림도 실업도 없는 유토피아라는 공화국을 그렸다. 흔히 이 『유토피아』를 바로 기본소득의 기원으로 여기는데, 실제로 이 책에서 묘사한 나라의 체제는 오히려 공상적 사회주의다. 국민에게는 고작 하루 여섯 시간이지만 노동의 의무가 있으며, 사람들은 생산된 재화를 창고에서 돈도 내지 않고 원하는 만큼 가져가면 되는 사회다.

일하든 말든 돈이 지급되는 기본소득제도와는 상당히 달라서 나는 『유토피아』를 기본소득의 기원으로 보지 않는다. 그러나 일반적으로는 기본소득의 기원으로 여기므로 바라는 바는 아니지만 그렇게 평가하기로 하겠다.

그리고 2세기가 지난 18세기에 토머스 페인은 1796년 프랑스 집정관 정부에 보낸 「토지분배의 정의Agrarian Justice」라는 글에서 "경작되지 않은 자연상태의 대지는 인류의 공동재

▼ **Thomas More** 1478~1535. 영국의 정치가, 사상가. 인문주의자로 에라스무스와 친교를 맺고 큰 영향을 받았다. 헨리 8세의 신임을 얻어 대법관으로 임명되었으나 가톨릭교도의 입장에서 헨리 8세의 이혼에 반대해 투옥되어 처형당했다. 유토피아(utopia＝ou＋topos)는 어디에도 없는 곳이라는 뜻으로 그가 만든 말이다. 기타 저서로 「이단에 관한 문답」, 「영혼들의 탄원」, 「고난을 위로하는 대화」, 「그리스도의 슬픔에 관하여」 등이 있다.

▼▲ **Thomas Paine** 1737~1809. 사상가, 언론인, 저술가, 정치혁명가. 미국 독립전쟁을 지지하는 팸플릿 중 1776년에 발표된 『상식』은 독립선언문의 탄생에 직접적인 역할을 했고, 프랑스 혁명을 목격하고 쓴 『인권』 역시 프랑스 혁명을 지원하는 사상적 기초가 되었다.

▼▲▼ **Thomas Spence** 1750~1814. 영국 초기의 사회주의자. 교구에 의한 토지 공유와 완전히 민주화된 교구의 연합체로서의 국가를 중심 개념으로 하여 런던에서 토지개혁운동을 벌였다. 주요 저서로 「토머스 스펜스의 중요한 재판The Important Trial of Thomas Spence」, 「인간의 진정한 권리The Real Rights of Man」, 「억압의 끝End of Oppression」, 「아동의 권리Rights of Infants」 등이 있다.

산common property이었으며 계속 그래왔을 것이라는 점은 논쟁의 여지가 없다……. 대지 자체가 아니라 개량된 가치만이 개인적 소유다. 그러므로 경작된 토지의 모든 소유자는 그가 보유한 토지에 대한 기초지대ground rent—이런 생각을 표현하는 더 나은 용어를 나는 알지 못한다—를 공동체에 빚지고 있는 것이다. 그리고 이 계획에서 제안하는 기금은 바로 이 기초지대에서 나온다"(『기본소득』)라고 주장했다. 그리고 그 지대를 재원으로 21세 이상의 모든 성인에게 15파운드를 지급하는 제도를 제창했다.

이 제도는 정기적으로 지급하는 형태가 아니라 일괄해서 주므로 오늘날에는 '기초자본basic capital'(=기본자본)이라고 부른다. 이 제도는 15파운드를 밑천으로 자본을 운용하거나 장사를 시작하리라고 예상했다. 단, 50세 이상의 사람들에게는 매년 10파운드를 지급하기로 했다. 이는 지금으로 말하면 노령연금 같은 것이다.

본래 토지는 공동재산이지만 새삼스레 토지의 사유제를 폐지할 수는 없으니 공유재산을 되찾는 대신 모든 사람에게 이른바 그 '보상'으로서 돈을 지급해야 한다는 것이 페인의 이론이다.

여기서 페인이 이 기본소득적 제도를 가난한 사람에 대한 보시가 아니라 사회적 정의를 위해 시행해야 한다고 주장한 것에 주의하자. 이 제도는 토지에서 얻는 이익을 배분하는 것

으로 해석할 수 있으므로 '사회보장제도로서의 기본소득'이
라기보다는 '국민배당으로서의 기본소득'이다.

　토지가 공유재산이라는 사상은 19세기의 경제학자 레옹
왈라스▼도 주장했으므로 그다지 신기한 것이 아니다. 왈라스
는 본래는 토지를 국유화해야 하지만 현실적으로는 어려우니
지대地代로 모든 정부 지출을 충당하고, 다른 식으로 과세해
서 개인의 사적 소유권을 침해하지 말아야 한다고 했다.

　토지를 국유화하고 국민에게 분배하는 시도를 한 역사적인
사례도 있다. 중국에서는 북위▼▲부터 당나라 때까지 '균전제'
를 시행했다. 이는 국가가 백성들에게 논밭을 지급하고 법으
로 정한 나이가 되거나 죽으면 국가에 반환하는 제도다.

　일본에서도 균전제를 모방한 '반전수수법'▼▲▼을 701년에
제정된 '다이호 율령'▼▲▼▲에서 도입했다. 아울러 개간한 토지

▼ **Marie Esprit Léon Walras**　1834∼1910, 프랑스의 경제학자로 로잔학파의 시조다. 한
계효용 이론을 제시한 근대경제학의 창시자 중 한 사람으로서 이 이론을 바탕으로 일반
균형 이론을 확립해 이론경제학에 지대한 영향을 미쳤다. 주요 저서로 『순수경제학 요론
Éléments d'économie politique pure, ou théorie de la richesse sociale』, 『화폐 이론*Théorie de la
monnaie*』, 『응용경제학 연구*Études d'économie politique appliquée; Théorie de la production de
la richesse sociale*』, 『사회경제학 연구*Études d'conomie sociale*』 등이 있다.

▼▲ **北魏**　386∼534, 중국 남북조 시대인 386년에 선비족鮮卑族의 탁발규가 화베이華北에 세
운 북조北朝 최초의 나라.

▼▲▼ **班田收授法**　일정한 나이에 도달한 백성에게 일정한 면적의 경작할 밭을 빌려주고 사
후에 국가에서 거둬들이는 법. 토지의 집중을 막고 조세수입을 확보할 목적으로 호적을 정비
해 전국적으로 6년마다 실시했다. 6세 이상의 양민 남자는 2단段(600평), 양민 여자는 그 3분
의 2(120평), 관노비나 관이 소유한 최하층민은 양민과 같이, 사노비는 양민의 3분의 1을 주었
으며, 10세기 초에 폐지되었다.

는 대대손손 사유재산으로 삼아도 좋다는 제도가 일본사에서 배우는 유달리 인상 깊은 '간전영년사재법'▼▲▼▲▼이다. 균전제와 반전수수법은 일종의 기초자본으로 볼 수 있다.

자본주의에서는 생산에 필요한 주요 투입요소가 공유재산이라고도 보는 토지가 아니라 사유재산이라고밖에 할 수 없는 기계, 다시 말해 자본이므로 불평등이 확대될 수밖에 없다.

페인과 스펜스의 시대에는 농업이 여전히 경제의 중심이었고 토지가 주된 투입요소였기에 그것이 본래 모두의 공유재산이라고 강조했다고 생각할 수도 있다.

토머스 스펜스는 『아동의 권리』에서 지역별로 공유재산인 토지에서 얻는 지대를 유일한 세금으로 하고, 지출하고 남은 돈을 1년에 네 번쯤 남녀노소를 불문하고 모두에게 균등하게 지급하는 제도를 제창했다.

스펜스의 이 아이디어는 모든 국민에게 정기적으로 현금을 지급하는 제도라는 의미에서 기본소득의 제안으로는 가장 오

▼▲▼▲ **大寶律令** 고대 일본의 기본 법전. 몬무文武 전황의 명령으로 오사카베 신노刑部親王와 후지와라노 후히토藤原不比等 등이 701년에 제정했다. 율律 6권, 영令 11권으로 전해지지만 모두 현존하지 않는다. 7세기 이후 제도들의 법적 정비를 보여주며, 757년 요로우養老 율령이 시행될 때까지 국가의 기본법이었다.

▼▲▼▲▼ **墾田永年私財法** 743년에 반포한 법으로 위계位階에 의한 개간 면적의 제한 등을 조건으로 관개시설을 신설해서 개간한 논은 3대까지, 기존의 관개시설로 개간한 논은 개간한 사람이 사망할 때까지 거둬들이지 않는 삼세일신법三世一身の法을 큰 폭으로 추진해 간전墾田의 영구 사유를 허락한 것이다. 그러나 이로 말미암아 국가의 모든 백성과 토지는 국가의 소유라는 '공지공민公地公民'의 대원칙이 무너지고 사찰과 신사, 귀족에 의한 대토지 소유가 활발해져서 장원제莊園制가 성립하는 요인이 되었다.

래되었다. 단, 최저한의 생활을 보장하는 액수가 유지되는 것은 아니므로 그러한 의미에서는 아직 부분적인 기본소득에 불과하다.

그리고 이 세 사람의 이름이 모두 토머스인 것은 순전히 우연이지만 스펜스는 자신을 '3인의 토머스' 중 한 사람이라고 불렀다.

국민배당과 역소득세

기본소득의 현대적 기원은 클리포드 휴 더글러스▼가 1924년에 『사회신용』에서 제창한 '국민배당', 그리고 밀턴 프리드먼이 1962년에 『자본주의와 자유』에서 제창한 '역소득세Negative income tax'(= 음의 소득세, 마이너스 소득세)다.

영국 태생의 엔지니어이자 사상가인 더글러스는 일반인들에게는 다소 생소할 테지만 영국의 경제학자 존 메이너드 케

▼ Clifford Hugh Douglas 1879~1952. 영국 출신의 엔지니어이자 기업가로 사회신용운동의 역사에서 절대 빼놓을 수 없는 상징적인 존재다. 1936년 캐나다 앨버타 주정부에서 1캐나다달러어치 물건을 사거나 아니면 2년 뒤에 증표 한 장당 1캐나다달러로 쳐서 바꿔주겠다고 약속하고 '번영증명서Prosperity Certificates'라는 종이쪽지를 나눠준다. 일주일마다 증표 한 장당 1센트짜리 스탬프를 공식 판매처에서 사서 증표 뒷면에 붙이는 조건이었다. 이를 어기면 증표의 '화폐가치'는 사라진다. 그러나 화폐 역사상 가장 기괴한 실험이라는 평가를 받는 이 '앨버타 프로젝트'는 실패로 끝났다. 당시 앨버타 주 '사회신용정부'의 핵심 자문관이었던 더글러스는 구매력 결핍을 근본적으로 보완하기 위한 '해법'으로서 은행이 아니라 공정한 국가(정부)가 자체적으로 발행하는 '공공통화'를 재원으로 하는 '국민배당'을 제시했다. 주요 저서로 『경제적 민주주의Economic Democracy』, 『신용권력과 민주주의Credit-Power and Democracy』 등이 있다.

인스가 주요 저서인『고용, 이자 및 화폐의 일반이론』에서 그의 경제학설을 거론했다. 그는 영국 왕립 공군 항공병과에서 소령으로 근무했으므로『고용, 이자 및 화폐의 일반이론』에서는 '더글러스 소령'이라는 야유 섞인 애칭으로 불렸다.

『고용, 이자 및 화폐의 일반이론』에서는 언급하지 않았으나 더글러스는『사회신용』에서 '화폐발행 이익seigniorage'을 재원으로 해서 매달 5파운드의 돈을 지급하라고 제안한다.

화폐발행 이익이란 중앙은행 등에서 화폐를 발행해서 얻는 이익이다. 예를 들어 1만 엔권 지폐를 발행하면 제조비용은 1장당 약 20엔이므로 나머지 9,980엔이 화폐발행 이익이다.

이러한 화폐발행 이익을 국민에게 배당하는 것이 더글러스의 '국민배당National Dividend'이다. 화폐발행 이익에 관해서는 3장에서 상세히 설명하겠다.

한편 프리드먼은 미국의 경제학자이자 노벨상 수상자이며, 케인스가 일으킨 경제학 혁명, 이른바 '케인스 혁명▼'에 저항한 반혁명의 기수다.

'역소득세'는 저소득층이 마이너스 징세, 즉 급부를 받는 제도를 가리킨다. 모든 국민이 수급을 받는 것은 아니므로 종종 기본소득과는 다른 제도라고 착각하는데, 기본소득과 역소득

▼ **Keynesian revolution**　케인스가『고용, 이자 및 화폐의 일반이론』에서 주장한 유효수요론과 유동성 선호설에 의해 경제학의 분석기법과 사고법이 크게 달라지고, 또한 그 정책제언을 각국에서 채용해 자본주의 경제에 큰 변혁을 가져온 것을 말한다.

세의 효과는 본질적으로 같다.

기본소득은 세액과 무관하게 모든 국민이 7만 엔(1년에 84만 엔)의 급부를 받는다. 그에 반해 역소득세는 세액에서 84만 엔이라는 수급액을 공제한 액수를 실제로 납세한다. 그 차액이 마이너스인 사람은 납세하지 않고 수급만 받는다. 수급과는 별개로 납세하든 납세할 때 수급액만 공제되든 국민의 부담이긴 매한가지다.

비용이 너무 많이 든다거나 부자에게도 돈을 뿌리는 것은 낭비라고 했던 기본소득에 대한 이유 없는 비판은 역소득세와의 동질성을 이해하면 대부분 사라질 것이다. 그 점에 관해서는 다음 장에서 자세히 논하겠다.

그리고 프리드먼의 역소득세는 개인이 아니라 세대가 대상인데, 그 점은 별반 중요하지 않으며 개인을 기초로 한 역소득세를 생각할 수도 있다. 그 경우 아동은 대개 소득이 없으므로 세금을 내지 않고 수급만 받는다.

프리드먼은 우파 입장의 경제학자이므로 이를 이유로 기본소득과 역소득세를 까닭 없이 싫어하는 좌파들이 있다. 그런가 하면 기본소득과 역소득세에 찬성하는 좌파도 물론 적지 않다. 원래 사회보장에 긍정적인 좌파만이 아니라 부정적인 우파도 찬성하므로 기본소득은 훌륭한 제도다.

미국에서는 1968년에 밀턴 프리드먼과 프리드리히 하이에크▼▲라는 우파부터 제임스 토빈▼▲과 존 케네스 갤브레이스▼▲▼

같은 좌파에 이르기까지 1,200명이 넘는 경제학자가 기본소득의 도입을 정부에 요구했다. 이는 좌우 이데올로기에서 벗어나 논리적으로 경제문제를 분석할 수 있는 사람이면 누구나 기본소득의 유효성을 이해할 수 있다는 증거다.

미국 공화당의 리처드 닉슨 대통령은 1972년에 '가족부조계획Family Assistance Plan(FAP)'이라는 제도로서 역소득세의 도입을 시도했으나 민주당의 극심한 반대로 어쩔 수 없이 단념했다. 하긴 FAP의 대상은 저임금 노동자이며, 원래 직업이 없는 사람은 제외되었으므로 FAP는 기본소득은커녕 역소득세조차도 아니라고 할 수 있다.

▼ **Friedrich Hayek** 1899∼1992. 오스트리아의 경제학자, 사상가. 화폐적 경기 이론을 전개하는 한편 케인스주의와 사회주의를 비판하고 사회경제론에 입각한 자유주의를 주장했다. 1974년에 노벨경제학상을 받았으며, 주요 저서로 「노예의 길」, 「법, 입법 그리고 자유」, 「개인주의와 경제질서Individualism and Economic Order」, 「가격과 생산Prices and Production」 등이 있다.

▼▲ **James Tobin** 1918∼2002. 미국의 경제학자이자 예일대학 교수로 미국에서 케인스학파의 제일인자로 꼽힌다. 가계와 기업이 자산을 현금, 저축, 주식 중 어떤 형태로 갖느냐에 관해 위험과 기대이득의 균형으로 설명한 자산선택 이론theory of portfolio selection을 창시했다. '기업의 시장가치'와 '자본의 교체비용'과의 비(q)가 커질수록 투자가 늘어난다는 '토빈의 q이론'으로 유명하며, 1981년에 노벨경제학상을 받았다. 주요 저서로 「국민을 위한 경제정책National Economic Policy」, 「경제학 논문집Essays in Economics」, 「10년 뒤의 새로운 경제학The New Economics One Decade Older」 등이 있다.

▼▲▼ **John Kenneth Galbraith** 1908∼2006. 캐나다 태생의 미국의 경제학자로 하버드대학 교수, 국방 고문단의 경제 고문, 물가관리국 부국장, 케네디 대통령의 고문과 인도 주재 대사를 역임했다. 주요 저서로 「불확실성의 시대」, 「경제의 진실」, 「대폭락」, 「경제학의 역사」, 「권력의 해부The Anatomy of Power」 등이 있다.

현대의 운동

기본소득지구네트워크

1986년에 기본소득에 관한 국제적인 논의를 촉진하는 '기본소득유럽네트워크Basic Income European Network(BIEN)'라는 조직이 성립되었다. 2004년에는 '기본소득지구네트워크Basic Income Earth Network(BIEN)'로 개명되었으나 조직명의 약칭은 BIEN 그대로다. 일본에서는 도시샤대학의 야마모리 도오루 교수가 주요 회원으로 참가했다.

BIEN은 1년에 한 번(예전에는 2년에 한 번) 국제회의를 개최하며 나는 2012년 뮌헨대회, 2016년 서울대회에서 보고했다. 이 책 3장의 내용은 뮌헨대회의 보고, 4장의 내용은 서울대회의 보고를 바탕으로 한다.

저명한 기본소득 지지자로서 이제까지 필리페 판 파레이스,▼ 괴츠 볼프강 베르너,▼▲ 가이 스탠딩▼▲▼ 등이 강연과 보고를 했다.

파레이스는 벨기에의 철학자로『모두에게 실질적 자유

▼ **Philippe Van Parijs** 1951~. 벨기에 출신의 정치철학자로서 현재 루뱅가톨릭대학 경제, 사회, 정치학부의 교수로 재직 중이다. 기본소득유럽네트워크의 창립자 중 한 명으로 기본소득지구네트워크 국제자문위원회 의장이다. 주요 저서로『사회과학의 진화적 설명*Evolutionary explanation in the social sciences*』,『정의로운 사회란 무엇인가?*Qu'est-cequ'une société juste?*』,『기본소득을 위한 변론*Arguing for Basic Income*』,『마르크스주의의 재생*Marxism recycled*』,『세계와 유럽을 위한 언어의 공정성*Linguistic justice for Europe and for the world*』 등이 있다.

를―기본소득에 대한 철학적 옹호』등의 저서가 있다. 록 뮤지션 같은 멋진 옷차림에 은색의 장발이 특징이다. 파레이스는 '리얼 리버테리아니즘Real Libertarianism', 즉 '진정한 자유지상주의'라는 사상을 제창했다.

앞에서 설명한 대로 우리 사회에는 정부로부터 간섭받지 않을 형식적인 자유가 어느 정도는 있지만 좋아하는 일을 할 실질적인 자유는 없다. 이 실질적인 자유를 실현하려는 사상이야말로 진정한 자유지상주의다.

파레이스는 과도하게 일하는 것을 '크레이지crazy'라고 하고, 일하지 않고 게으른 것을 '레이지lazy'라고 한다. 진정한 자유지상주의는 크레이지와 레이지, 그 중간인 적당히 노동하는 것도 인정되는 사회를 지향한다.

베르너는 독일의 약국 체인 전문기업 DM(Drogeriemarkt의 약자)의 창업주로 『미래를 위한 토대: 기본소득Ein Grund für

▼▲ Götz Wolfgang Werner 1944~, 카를스루에공과대학의 '기업인 정신 육성을 위한 학부 횡단 연구소' 교수이자 EHI 소매 연구소의 회장, GLS 은행의 감사로 모든 독일인에게 '조건 없는 기본소득 1,500유로'를 지급해 억지로 노동하는 사람이 없도록 해야 한다는 신조를 지닌 기업가다. 헤르만 헤세상 수상, 이집트 알렉산드리아의 거리의 아이들을 위한 복지시설, 피난처, 어린이를 위한 무료 음악수업 등 문화적·사회적 프로젝트를 조성했다.

▼▲▼ Guy Standing 1948~, 영국의 경제학자로 런던대학 아시아―아프리카 연구원SOAS의 개발학과 교수다. 기본소득지구네트워크의 공동창설자이자 현 공동명예 이사장이기도 하다. 일리노이대학에서 노동경제학과 노사관계론으로 석사, 케임브리지대학에서 경제학 박사 학위를 취득했으며, 국제노동기구ILO의 노동시장정책, 사회경제적 보장 프로그램 분야에서 일했다. 주요 저서로 『불로소득 자본주의―부패한 자본은 어떻게 민주주의를 파괴하는가』, 『기본소득―일과 삶의 새로운 패러다임』, 『프레카리아트, 새로운 위험 계급』 등이 있다.

die Zukunft: das Grundeinkommen』, 『모든 사람에게 기본소득을Einkommen fur alle』 등의 저서가 있다. 뮌헨대회에서 만났을 때 초면이었는데도 내 어깨에 팔을 두르며 매우 친밀하게 이야기를 해주어서 인상적이었다.

베르너는 기본소득을 도입하는 동시에 세제稅制를 소비세로 통일해서 간소화할 것을 제창했다. 기본소득은 발본적인 세제개혁과는 독립적으로 도입할 수도 있으나 후자에 관해서도 동시에 논의하면 더 나은 사회를 실현할 수 있다.

스탠딩은 영국의 경제학자로 2018년 2월에 일본에서 그의 저서인 『기본소득―일과 삶의 새로운 패러다임』의 번역본이 갓 출간되었다. 이 책은 일본에서 출판된 기본소득 관련 서적 중에서 가장 포괄적이다. 더욱이 문장이 매우 명확해서 읽기 쉽다. 그의 강연 역시 이해하기 쉽다. BIEN 대회에서 스탠딩의 강연을 들은 적이 있는데 영어 듣기는 영 젬병인 나조차 명료하게 이해할 수 있었다.

스탠딩은 『기본소득―일과 삶의 새로운 패러다임』에서 '공화주의적 자유'를 제창한다. 이 또한 진정한 자유를 의미한다. 우리는 설사 정부의 개입을 받지 않을 자유가 있어도 실제로는 생활이 보장되지 않는 탓에 난폭한 남편으로부터 자유로워지거나 악덕 기업을 그만둘 자유를 언감생심 꿈도 못 꾸기도 한다. 그는 이 책에서 아리스토텔레스에서 비롯한 공화주의적 자유는 "인격, 제도, 무책임한 지배과정에 의한 실제 지배뿐만 아니라 잠재적 지배로부터의 자유도 필요로 한다"[7]라고 밝혔다.

유럽과 미국에서의 실현을 위한 시도

기본소득은 여전히 주요국에서 본격적으로 도입된 적이 없다. 그렇다고 전혀 꿈같은 이야기도 아니어서 지난 몇 년간 이를 실현하기 위한 움직임이 일고 있다.

가장 일찍 기본소득의 도입이 실현될 법한 나라는 인도와 핀란드다. 인도 정부는 2018년에 2년 안에 한두 개 주에서 기본소득을 도입하겠다고 발표했다.

핀란드 역시 정부(중앙당·보수 국민연합당·핀란드인당으로 이루어진 연립정부)가 기본소득을 도입할 방침이다. 2017년 현재는 기본소득 시범도입 단계로 무작위로 선정한 실업자 2,000명에게 2년간 매달 560유로(약 74만 원)를 지급한다.

네덜란드는 위트레흐트와 암스테르담 등의 몇몇 도시에서 기본소득(980달러를 제공)을 시범적으로 도입해서 효과를 검증할 예정이며, 미국에서는 실리콘밸리의 벤처캐피털,▼ Y콤비네이터▼▲가 대규모 실험 중이다.

그 밖에 캐나다와 인도, 이탈리아, 케냐, 우간다 등 세계 각

▼ venture capital   약칭 VC. 고도의 기술력과 장래성을 갖췄으나 경영기반이 약하고 일반 금융기관은 위험부담이 커서 융자하기 어려운 벤처기업(주로 창업하는 기업)에 주식 취득 등을 통해 투자하는 기업이나 그 기업의 자본을 말한다.

국에서 기본소득에 관한 실험을 진행해왔다. 다만 앞으로는 대상자를 한정하는 이러한 실험은 별로 필요 없을 듯하다. 앞에서도 언급했지만 이미 많은 실험에서 수급자의 노동의욕을 거의 해치지 않고, 정신건강이 개선되며, 아동의 학업성적이 오르고, 가정폭력이 감소하는 바람직한 결과가 나타났기 때문이다.

앞으로 특히 필요한 실험은 '좁고 깊은 급부'가 아니라 '넓고 얕은 급부'다. 특정한 개인에게 최저한의 생활을 위한 돈을 지급하는 것이 아니라 모든 국민에게 소액의 급부를 하는 것이다. 그 이유는 기본소득이 개개인에게 미시적인 영향을 줄 뿐더러 일국의 경제 전체에 거시적인 영향도 주기 때문이다. 기본소득의 도입으로 GDP와 물가상승률이 영향을 받는 것이다. 따라서 조금씩 수급액을 늘려가며 GDP와 물가상승률이 어떻게 변화하는지를 검증하려면 모든 국민에게 1만~2만 엔씩 소액을 지급하는 단계부터 시범적으로 도입해야 한다.

일본에서의 기본소득론

유럽과 미국에 비하면 상당히 뒤처지긴 했으나 일본에서도

▼▲ Y Combinator　캘리포니아 주 마운틴뷰Mountain View의 '창업계의 하버드'라고 불리는 전 세계 액셀러레이터accelerator의 시초로 2005년 폴 그레이엄Paul Graham, 로버트 모리스Robert Tappan Morris, 트레버 블랙웰Trevor Blackwell, 제시카 리빙스턴Jessica Livingston 등이 설립했다. 액셀러레이터는 초기 창업자의 선발과 투자·전문 교육, 멘토링을 지원하는 민간 전문기관 또는 기업을 말한다.

2007년경부터 기본소득이 세간의 주목을 모으고 있다. 이 해에 경제평론가인 야마자키 하지메▼ 씨가 블로그에서 기본소득의 도입, 사회보장제도의 간소화를 제안했다. 이어서 그 블로그에 영향을 받은 라이브도어▼▲의 전 사장인 호리에 다카후미▼▲▼ 씨가 2008년부터 기본소득의 지지를 표명했다.

　이들의 기본소득론은 곧잘 '신자유주의적neo-liberalism'이라는 비판을 받는다. 신자유주의는 쉽게 말해 정부의 역할을 축소하고 시장을 중시하는 정치경제 사상이다. 일본에서는 1980년대에 나카소네 야스히로▼▲▼▲ 수상이 국철을 민영화하거나, 2000년대에 고이즈미 준이치로▼▲▼▲▼ 수상이 우정국을 민영화한 것을 신자유주의적 정책이라고 말한다.

▼ 山崎元　1958~. 돗쿄獨協대학 경제학부 특임교수이자 마이벤치마크 대표이사로 전문 분야는 자산운용이다. 주요 저서로『학교에서는 가르쳐주지 않는 돈에 관한 수업學校では教えてくれないお金の授業』,『전면개정 초간단 돈의 운용술全面改訂 超簡単 お金の運用術』,『인생을 자유롭게 살고 싶은 사람은 이것만 알면 된다―돈으로 손해 보지 않는 단순한 진실人生を自由に生きたい人はこれだけ知っていればいい お金で損しないシンプルな眞実』 등이 있다.

▼▲ livedoor　네이버의 자회사 라인LINE이 운영하는 포털사이트.

▼▲▼ 堀江貴文　1972~. 도쿄대학 재학 중에 리빙온더엣지Livin' on the EDGE Co., Ltd를 설립해 인터넷 벤처 신화의 주역이 된 벼락출세의 아이콘이다. 상식에 얽매이지 않는 젊은 기업인으로 평가받았으나 2006년 라이브도어의 관련 회사가 허위 기업매수 정보를 개시해 증권거래법 위반으로 구속되었다. 이후 민간 차원에서 로켓을 개발하는 SNS 주식회사를 창립했다. 주요 저서로『10년 후 일자리 도감』,『부자가 될 방법은 있는데 넌 부자가 돼서 뭐하게?』,『모든 교육은 세뇌다』,『제로』,『진심으로 산다』 등이 있다.

▼▲▼▲ 中曽根康弘　1918~. 자민당에서 과학기술청 장관, 방위청 장관, 통산 장관 등을 역임했으며 국철, 일본전신전화공사, 일본전매공사의 민영화를 실현했다. 일본 수상 최초로 야스쿠니 신사를 참배해 주변국의 반발을 산 바 있다. 주요 저서로『21세기 일본의 국가전략』,『정치가는 역사의 법정에 선 피고』,『보수의 유언』 등이 있다.

같은 기본소득에 대한 지지 표명일지라도 신자유주의를 반대하는 측에서는 '신자유주의적 기본소득론'과 '반신자유주의적 기본소득론'으로 갈라진다고 지적한다.

신자유주의적 기본소득론자에게 기본소득의 목적은 사회보장제도의 간소화이며, 반신자유주의적 기본소득론자의 목적은 사회보장제도의 확충이다.

양쪽은 동상이몽을 하는가, 서로 양보해야 하는가. 이 점에 관해서는 5장에서 상세히 논하겠다. 여하튼 신자유주의를 반대하는 측의 신자유주의적 기본소득론에 대한 경계는 일본에서 기본소득의 추세를 논할 때 하나의 커다란 축을 이룬다.

2008년에는 기본소득지구네트워크의 주요 구성원인 야마모리 도오루 교수가 『기본소득 입문』을 펴내 사회문제에 관심 있는 많은 사람에게 기본소득을 알렸다. 2010년에는 '기본소득일본네트워크BIJN'도 설립되었다. 2012년에는 당시 오사카 시장인 하시모토 도오루橋下徹 씨가 이끄는 오사카유신회가 기본소득의 도입을 공약으로 내걸었다. 이는 행정기구의 경비 삭감이 목적이며, 흔히 신자유주의적 기본소득론으로 평가한다.

▼▲▼▲▼ 小泉純一郎　1942~, 2001~2006년 일본 수상을 역임했으며 자위대의 '집단적 자위권 인정', '야스쿠니 신사 참배' 강행 등의 보수 우경화 정책을 채택했고, 노무현 정부 시절 시마네 현 의회가 다케시마의 날을 제정했다. 2001년 김대중 대통령과 정상회담, 2002년에는 북·일 정상회담을 성사시켰다.

AI 시대를 위한 기본소득에 관한 논의

2007년부터 2012년까지의 일련의 일들이 일본에서의 이른 바 기본소득 제1차 붐을 형성한다. 반면에 기본소득 제2차 붐은 인공지능AI이 사람들의 일자리를 빼앗을지 모른다는 우려를 배경으로 2016년경부터 일기 시작해서 현재에 이른다. 취직하지 못해서 수입이 없는 사람들이 굶어 죽지 않도록 하려면 정부가 먹고살게 해줄 수밖에 없기 때문이다.

2014년에 나는 인터넷 뉴스사이트 '시노도스シノドス'에서 「기계가 인간의 지성을 능가하는 날을 어떻게 맞이해야 하는가?―AI와 기본소득」이라는 기사를 발표했다. 이어서 2015년에는 주간지 『이코노미스트』에 「인공지능이 인간을 능가하는 날에 대비하라」라는 기사를 썼다. 이 기사들에서 나는 AI 시대에 기본소득의 도입이 필수라고 주장했다. 하지만 아직 요즘처럼 AI 붐이 일기 전이었으므로 이렇다 할 주목을 끌지는 못했다.

그러나 2015년에 미국의 기업가 마틴 포드▾가 『로봇의 부상―인공지능의 진화와 미래의 실직 위협』에서 기본소득의 필요성을 설명하고, 미국의 경제학자 에릭 브린욜프슨,▾▴ 앤

▾ Martin Ford 미시간주립대학 컴퓨터공학부 졸업 후 UCLA 경영대학원에서 MBA를 취득한 미래학자로 로봇과 인공지능, 자동화의 진화가 사회와 경제에 주는 영향을 연구한다. 기타 저서로 『터널 속의 빛: 자동화, 기술혁신 그리고 미래 경제*Lights in the Tunnel: Automation, Accelerating Technology and the Economy of the Future*』가 있다.

드루 맥아피[▼▲▼]가『제2의 기계 시대—인간과 기계의 공생이 시작된다』에서 역소득세의 도입을 주장해 전 세계적으로 기본소득에 관한 논의가 활발해졌다.

일본에서는 2016년부터 AI 붐이 일어서 2016년도의 신조어, 유행어 대상 후보로 'AI'가 뽑혔다. 아울러 대상은 신들린, 신의 경지라는 뜻의 '가밋테루神っている'(=神がかっている)다. 이 무렵부터 AI 시대에 기본소득제도 도입의 필요성을 언급한 인터넷 기사가 일본에서도 간간이 눈에 띄었다.

2016년에 나는『인공지능과 경제의 미래人工知能と經濟の未来』에서 상당한 지면을 할애해 AI가 고도로 발달한 미래에는 기본소득제도가 필수라는 주장을 펼쳤다. 그 주제는 4장에서 다시 다루겠다.

그리고 2017년에는 기본소득을 논할 때 AI는 빼놓을 수 없는 요소가 되었다. 그 정수로서 2017년 당시 고이케 유리코小池百合子 도쿄도지사가 창당한 '희망의당希望の黨'은 중의원

▼▲ Erik Brynjolfsson 1962~. MIT 슬론경영대학원 교수, MIT 디지털 비즈니스센터장으로 정보경제학과 정보시스템 분야의 세계적 석학이며, 주로 기술의 진보가 기업의 생산성과 경제에 미치는 영향에 관해 연구해왔으며, 1987년 세계 최초로 전자시장 이론을 제기했다. 주요 저서로 앤드루 맥아피 교수와 공저한『기계와의 경쟁Race against the machine』,『혁신을 위한 연결Wired for information』등이 있다.

▼▲▼ Andrew McAfee 1967~. MIT 슬론경영대학원 부교수이자 MIT 디지털 비즈니스센터의 수석연구원이다. 하버드 경영대학원 재직 시절 B2B 전자상거래에 냅스터화 napsterization(무료 파일 공유) 개념을 도입했고, 최초로 웹 2.0 개념과 플랫폼을 기업의 정보통신에 적용한 '엔터프라이즈Enterprise 2.0'이라는 용어를 만들었다. 기타 저서로『엔터프라이즈 2.0』이 있다.

선거용 팸플릿에서 AI 시대를 맞이해 기존의 사회보장제도를 기본소득제도로 대체할 필요가 있다고 호소했다.

그 밖에도 지금까지 '모두의당みんなの黨'과 '신당일본新黨日本'에서도 기본소득제도와 그와 비슷한 제도를 공약으로 내걸었다. 그래도 여전히 정치가들 사이에서 기본소득제도가 충분히 논의되었다고는 할 수 없는 상황이다.

2장

재원론과
제도설계

그런 말로 우리의 결핍이 해결되는 게 아니다.
그런 사순절Fastenzeit(단식절) 설교 같은 소리로 뭘 어쩌겠다는 건가?
밤낮 이러면 어떨까, 저러면 어떨까 하는 말에 신물이 난다.
돈이 없다니, 그럼 좋다. 돈을 만들도록 하라.[8]

—요한 볼프강 괴테, 『파우스트』

왜 공공부조보다 기본소득이 싸게 먹히는가?

기본소득의 진짜 비용은?

기본소득제도를 논할 때마다 이 제도에 부정적인 사람들은 으레 '재원을 어떻게 마련하는가?', '재원이 문제다'라는 얘기를 꺼낸다. 상식적으로 생각하면 재원은 세금밖에 없다. 나중에 세금 이외의 재원에 관해서도 논하겠지만, 기본적으로는 세금을 올려서 기본소득 비용을 충당할 수밖에 없다.

한 사람에게 매달 7만 엔, 즉 연간 84만 엔(=7만×12)을 지급한다면 전 국민에게 지급하는 총액은 연간 100조 엔(≒84만×1.2억)가량이 필요하므로 그만큼 세금을 더 걷어야 한다. 상당수의 국민이 100조 엔의 증세는 과중한 부담이므로 무리라고 생각할지 모른다. 하지만 여기서 주목해야 할 것은 단순히 증세액이 아니라 증세액과 지급액의 차액이다.

낙천적인 사람은 받을 액수에 눈을 반짝일 테고, 비관적인 사람은 내야 할 액수를 보고 한숨을 쉴 테지만, 그게 아니라 증세액과 지급액의 차액에 주목해야 한다.

'지급액 - 증세액'이 플러스라면 순수익이, 마이너스라면 순부담이 개개인에게 발생한다. 이 차액의 전 국민 평균은 이론상으로는 0이 된다. 수급액이 연간 84만 엔이면 증세액의 평균도 84만 엔이 되기 때문이다. 요컨대 국민 전체를 기준으로 보면 손해도 이득도 발생하지 않는다는 말이다.

그러나 부자일수록 증세액이 늘어난다면 부유층은 마이너스(손해), 빈곤층은 플러스(이득)가 된다. 중간층은 대략 제로다. 자신이 낸 세금이 부메랑처럼 기본소득이 되어 돌아올 뿐이므로 손해도 이득도 없다.

그렇다면 공공부조처럼 단순히 부유층에서 빈곤층으로 소득을 재분배하면 그만이지 굳이 이렇게 막대한 예산을 펴줄 필요가 있을까 싶기도 할 것이다. 하지만 공공부조가 기본소득보다 실질적인 비용은 더 든다. 어째서일까?

우선 1인당 월 7만 엔의 급부에 필요한 100조 엔은 실질적인 비용이 아니라는 점이 중요하다. 써도 없어지는 돈이 아니기 때문이다. 내가 쓴 돈은 다른 누군가의 소유물이 된다. 국가가 쓴 돈도 누군가의 소유물이 된다. 절대 이 세상에서 사라지는 것이 아니다. 이 경우 국민이 낸 100조 엔은 다시 고스란히 국민에게 돌아온다.

그러나 한 나라를 개인과 하나의 기업으로 치환해서 생각하지 않도록 주의하자. 개인이 쓴 돈은 그 개인에게서는 사라져도 나라 전체에서 사라지는 것은 아니다. 나라 안에서 아무리 많은 돈을 써도 결국은 돌고 돌아 내게로 다시 돌아온다.

세금으로 쓸모없는 다리나 도로를 만든 경우는 가치 있는

다리나 도로를 만드는 데 필요한 노력(과 자재資材)을 앗아가므로 국가 전체의 손실이다. 하지만 돈이 그저 정부와 국민 사이를 오가기만 한다면 국가 전체의 손실은 아니며 실질적인 비용은 발생하지 않는다. 다시 말해 한 나라의 경제에 실질적인 비용은 돈을 쓰는 것이 아니라 노력을 허비하는 것이다. 그 점을 고려하지 않으면 기본소득이 가진 효율성을 이해하기가 힘들다.

공공부조의 경우 신청자의 수입과 재산을 조사해야 하고, 선별하기 위한 행정비용이 든다. 이는 실질적인 비용이며 앞서 말한 대로 구제할 사람과 그렇지 않은 사람을 가려내는 비용은 무시할 수가 없다. 기본소득은 수급자를 선별하지 않으므로 그만큼 비용이 들지 않는다. 단, 기본소득도 행정비용이 전혀 들지 않는 것은 아니다. 지급할 때 사무절차에 얼마만큼의 노력이 드느냐가 문제다.

하지만 모든 국민의 은행계좌에 매달 수급액을 입금하면 운용비용은 거의 들지 않는다. 2016년 1월에 처음으로 마이넘버 제도▼를 실시했는데 개인번호와 은행계좌를 결합하면 운용비용이 들지 않는 기본소득제도를 도입하기 위한 환경이

▼ マイナンバー制度 주민등록증을 가진 모든 국민에게 개인번호를 부여하는 제도. 개인번호는 주로 '사회보장', '세금', '재해대책' 세 가지와 관련해서 국가가 효율적으로 개인정보를 관리하기 위한 시스템이다. 개인번호가 있으면 이제까지 여러 기관에 존재했던 개인정보를 동일인물의 정보로 즉시 확인할 수 있다. 2016년부터 이 번호로 행정 관련 처리를 한다. 사회보장과 세금제도의 효율성과 투명성, 국민의 편리성을 높이는 것이 이 제도의 목적이다.

조성된다.

기본소득의 재원에 관한 추정

반복하지만 1인당 월 7만 엔(연간 84만 엔)의 기본소득을 도입하려면 약 100조 엔의 재원이 필요하다. 여기서 하라다 유타카[▼] 씨의 『기본소득―국가는 빈곤문제를 해결할 수 있는가〈__シック・インカム―國家は貧困問題を解決できるか』를 참고해서 기본소득에 관한 재정적인 추정을 해보겠다.

하라다 유타카 씨에 따르면, 기본소득의 도입과 더불어 2012년도 예산 중 노령연금 16조 엔, 아동수당 1.8조 엔, 고용보험 1.5조 엔에 대한 정부 지출로서 합계 약 20조 엔이 필요 없다. 나아가 공공사업 예산 5조 엔, 중소기업 대책비 1조 엔, 농림수산업비 1조 엔, 복지비 6조 엔, 의료비를 뺀 공공부조비 1.9조 엔, 지방교부세 교부금(지방자치단체의 재정을 지원하기 위해 주는 돈) 1조 엔, 합계 약 16조 엔을 삭감할 수 있다. 이러한 예산은 억지로 고용과 소득을 창출하기 위해 존재하므로 기본소득이 도입되면 필요성이 낮아지기 때문이다.

[▼] **原田泰**　1950~. 도쿄대학 농학부 졸업 후 경제학 박사학위를 취득했다. 일본은행 심의위원, 경제기획청 국민생활 조사과장, 해외조사과장, 재무성 재무종합정책 연구소 차장, 와세다대학 정치경제학술원 특임교수 등을 역임했다. 주요 저서로 『쇼와 공황 연구昭和恐慌の研究』(닛케이 경제도서 문화상 수상), 『일본국의 원칙日本國の原則』, 『일본은 왜 가난한 사람이 많은가―'의외인 사실'의 경제학日本はなぜ貧しい人が多いのか―「意外な事實」の經濟學』(신초선서新潮選書) 등이 있다.

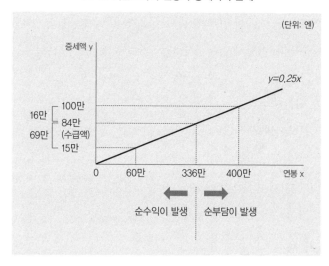

〈도표 1〉 **기본소득의 연봉과 증세액의 관계**

(단위: 엔)

증세액 y

$y=0.25x$

16만
100만

84만
(수급액)
69만

15만

0   60만   336만   400만   연봉 x

순수익이 발생   순부담이 발생

　이러한 하라다 씨의 논의를 답습하면 결국 합계 약 36조 엔을 기본소득의 재원으로서 대체할 수 있다.

　그래도 100조 엔에서 36조 엔을 뺀 나머지 64조 엔만큼은 새로운 재원이 필요하다. 만일 64조 엔 전부를 소득세로 충당할 경우 세율을 일률적으로 25퍼센트 인상해야 한다.

　〈도표 1〉을 보라. 가로축은 연봉, 세로축은 그것에 대응하는 증세액을 나타낸다. 정확히 연봉의 0.25배가 증세액이 된다.

　현재 개인의 평균수입은 약 400만 엔이다. 평균연봉을 받는 사람은 그 가운데 25퍼센트인 10만 엔을 새로운 세금으로 내야 하므로 어쩌면 매우 부담스러울지도 모른다.

　그러나 100만 엔이라는 증세액은 겉으로 보기에는 부담스러워도 혼자 산다면 연봉 400만 엔인 사람의 '순부담'은 증세액 100만 엔에서 급부액 84만 엔을 뺀 나머지인 16만 엔에 불과하다. 마찬가지로 생각하면 연봉 336만 엔인 사람은 혼자 살면 증세액이 정확히 급부액과 같은 84만 엔이므로 손해도 이익도 아니다.

연봉이 336만 엔보다 많은 사람에게는 '순부담'(손해)이 발생하며 적은 사람에게는 '순수익'(이득)이 발생한다. 다시 말해 연봉 60만 엔인 사람은 84만 엔에서 세액 15만 엔을 뺀 69만 엔의 순수익을 얻을 수 있다.

지금부터 이 추정을 기초로 다양한 기본소득적 제도와 공공부조 등의 '최저소득 보장'을 비교·검토해보겠다.

역소득세와 공공부조의 제도상의 차이

기본소득적 제도의 분류

최저한의 소득을 보장하기 위해 정부가 개인에게 지급하는 제도를 '최저소득 보장'이라고 한다(〈도표 2〉 참조). 여기서는 공공부조 같은 수급대상자를 한정한 제도도 최저소득 보장에 포함하기로 하겠다.

그리고 연금제도가 연금만으로 생활할 수 있도록 보장한 제도라고 단언하기는 모호하지만 일단 최저소득 보장에 포함

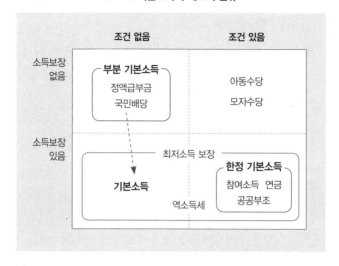

〈도표 2〉 **기본소득적 제도의 분류**

	조건 없음	조건 있음
소득보장 없음	**부분 기본소득** 정액급부금 국민배당	아동수당 모자수당
소득보장 있음	최저소득 보장 **기본소득** 역소득세	**한정 기본소득** 참여소득 연금 공공부조

하겠다. 기본소득은 물론 최저소득 보장의 일종이지만 아무 런 조건도 달지 않고 지급하는 점에서 이들 제도와는 다르다.

연금과 공공부조는 대상자가 한정된 기본소득이라는 의미 에서 '한정 기본소득'이라고 할 수 있다. 그것에 대해 2009년 에 일본에서 실시한 '정액급부금'(모든 국민에게 1만 2,000엔을 지급)과 공적인 수익을 분배하는 '국민수당'제도는 기본적으로 는 조건부가 아니어도 최저한의 생활을 보장하지는 않으므로 '부분 기본소득'이라고 부르겠다.

역소득세는 일정 수입 이상인 사람에게는 지급되지 않아서 조건부제도지만 모든 국민이 소득보장의 대상이므로 그러한 의미에서는 조건 없는 제도라고도 할 수 있다. 바꿔 말하면 모든 사람이 소득보장의 대상이 되는 것과 모든 사람이 급부대상이 되는 것은 다르다.

중요한 것은 전자이며, 기본소득과 역소득세는 본질적으로 같은 효과가 있다. 앞서 예를 든 수치를 인용하면서 그 점을 밝히기로 하겠다. 단, 일반적으로 역소득세는 세대를 기초로 논하지만 여기서는 개인을 기초로 살펴보겠다.

기본소득과 역소득세의 관계

앞서 말한 대로 낙관적인 사람은 기본소득의 수급액에만, 비관적인 사람은 증세액에만 눈길이 가지만 급부액과 증세액의 차액이야말로 주목해야 한다. 그리고 역소득세는 최초로 이 차액만큼 급부 또는 징세하는 제도다.

예를 들면 일률적으로 25퍼센트의 소득세를 부과하는 동시에 84만 엔의 공제 또는 급부하는 역소득세를 제도화할 경우 〈도표 1〉(59쪽)의 기본소득과 똑같은 효과가 있다. 연봉 400만 엔인 사람은 16만 엔만큼 새로 세금을 내고 연봉 60만 엔인 사람은 69만 엔을 수급한다(〈도표 3〉 참조).

이 역소득세 제도는 연봉 336만 엔 이하인 사람만 수급한다. 따라서 역소득세는 기본소득보다 압도적으로 적은 예산으로 실시할 수 있는 제도다. 그런데도 기본소득과 역소득세는 국민의 순수익이나 순부담은 똑같으며 가져오는 효과도 같다.

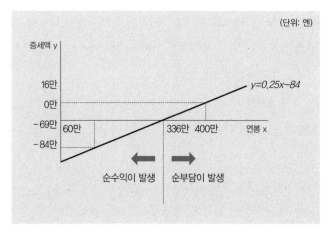

〈도표 3〉 **역소득세에서 연봉과 증세액의 관계**

그러면 연봉 400만 엔인 사람이 100만 엔의 세금을 내고 84만 엔을 수급하는 기본소득제도와 처음부터 차액인 16만 엔의 세금을 내는 역소득세제도의 본질적 차이는 무엇일까?

기본소득과 역소득세의 차이는 기껏해야 300엔짜리 소고 기덮밥을 살 때 1,000엔을 내고 거스름돈 700엔을 받느냐, 아니면 처음부터 300엔만 내느냐 하는 정도일 뿐이다.

따라서 역소득세에 비하면 기본소득제도 또한 겉으로 보기에 시행하기 어려울 뿐이지 필요한 예산액이 많고 적고는 전혀 중요한 논점이 아니다. 단지 역소득세가 대체로 시행하기 쉬워 보여서 정치적인 찬성표를 얻기 쉽고, 편리하게 도입할 수 있어서 실현 가능성이 크다고 할까.

역소득세와 공공부조의 관계

지금까지의 설명으로 기본소득과 역소득세가 본질적으로 어떻게 같은 제도인지 이해했을 것이다. 이어서 역소득세와 공공부조의 관계를 밝혀보겠다.

〈도표 4〉처럼 최저보장액이 84만 엔 이하인 사람의 세율을 100퍼센트라고 하자. 84만 엔 이상인 사람의 세율이 100퍼센트라면 일할 의욕이 나지 않을 테니 100퍼센트보다 낮은 비율이라고 가정하고 그 세율은 문제 삼지 않겠다.

이 경우 수입이 없는 사람은 84만 엔을 수급하며, 수입이 60만 엔인 사람은 24만 엔을 수급한다. 즉 수입이 84만 엔에 못 미치는 사람들은 정확히 그 차액만큼 보전되므로 가처분소득(납세했거나 수급한 이후의 소득)은 모두 84만 엔이 된다. 이러한 제도를 '자극incentive 없는 역소득세'라고 부르겠다.

자극이 없다는 것은 노동할 동기를 유발하지 않는다는 의미다. 이 경우 84만 엔 이하를 수급하는 사람은 일할 의욕을 거의 완전히 잃어버린다. 아예 수입이 없던 사람이 60만 엔을 벌면 급부는 24만 엔으로 줄어들므로 결국 가처분소득은 그대로 84만 엔이다.

〈도표 5〉처럼 소득이 84만 엔 이하인 사람의 가처분소득은 변동이 없어서 아무리 일해도 변함없이 84만 엔이다. 일하든 일하지 않든 실제 수입이 제자리걸음이라면 백수건달로 지낼 공산이 크다.

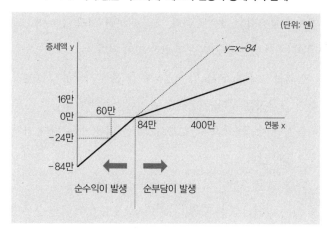

〈도표 4〉 '자극 없는 역소득세' 제도의 연봉과 증세액의 관계

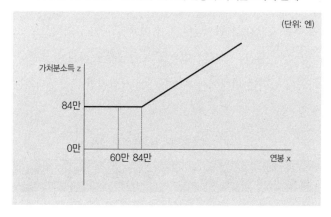

〈도표 5〉 '자극 없는 역소득세' 제도의 연봉과 가처분소득의 관계

　　한편 현재 일본의 공공부조는 선별적이지만 수입이 보장액 (여기서는 84만 엔) 이하인 사람들에게 무조건 지급하는 공공부 조를 생각해서 '조건 없는 공공부조'라고 부르겠다.

단, 수입이 보장액에 미치지 못하는 사람들은 그 차액만큼 정확히 보전되는 것으로 한다. 그렇게 하면 '자극 없는 역소득세'와 '조건 없는 공공부조'는 같은 것이 된다.

실제로 공공부조제도가 노동의욕을 전혀 자극하지 않는가 하면 그렇지는 않다. 기본적으로 임금소득만큼 수급액은 줄어들지만 소득공제가 있으므로 약간은 일을 하는 편이 가처분소득이 많다.

다만 그 증가분이 너무나도 적어서 현재의 공공부조는 거의 자극이 없다고 볼 수 있다. 따라서 〈도표 6〉처럼 공공부조는 자극이 없고 조건이 있는 최저보장제도로 평가한다.

반대로 조건과 자극 둘 다 있는 공공부조도 생각할 수 있다. 이 경우 수급대상자는 일한 만큼 실제 소득이 늘어나므로 노동의욕이 생긴다. 이를 '자극 있는 공공부조'라고 부르겠다. 자극이 있다는 의미에서 역소득세에 가깝지만 역소득세와는

〈도표 6〉 **역소득세와 공공부조의 관계**

	조건 없음	조건 있음
자극 있음	역소득세 (기본소득)	자극 있는 공공부조 (조건부 역소득세)
자극 없음	자극 없는 역소득세 (조건 없는 공공부조)	공공부조

달리 조건부다. '자극 있는 공공부조'는 조건이 있는 역소득세이기도 하다. 요컨대 역소득세는 공공부조에 노동의욕을 부여하는 동시에 조건을 없앤 것으로 평가할 수 있다.

공공부조는 노동의욕을 유발하는 자극이 없어서 본래 건강하고 노동의욕이 있었던 사람조차 한 번 그 환경에 빠지면 헤어나기 힘든 특징이 있다. 따라서 공공부조에 노동의욕을 유발하는 자극을 추가하면 그 점을 개선할 수 있다.

지금까지의 설명에서 '역소득세'(=기본소득), '자극 없는 역소득세'(=조건 없는 공공부조), '자극 있는 공공부조'(=조건 있는 역소득세), '공공부조'라는 네 가지 제도의 관계성을 밝혔다.

우리가 앞으로 할 일은 타성에 젖어서 지금의 공공부조제도를 유지하는 것이 아니라 어떤 제도가 가장 뛰어난지를 검토해서 조속히 도입할 방안을 마련하는 것이 아닐까. 최소한 '자극 있는 공공부조'가 지금의 공공부조보다는 우수한 제도라고 할 수 있다. 자극이 있어서 노동의욕을 잃어버리지 않고, 빈곤의 올가미에서 벗어나기도 비교적 쉬우니까.

'자극 있는 공공부조'(=조건 있는 역소득세)와 '역소득세'는 어느 쪽이 더 나을까? 적어도 역소득세에는 '제도를 간소화할 수 있다', '선별비용이 들지 않는다', '모든 사람의 생활을 빠짐없이 보호할 수 있다'라는 세 가지 이점이 있다.

하지만 역소득세를 도입하려면 심각한 질병이나 장애가 있는 사람만이 아니라 게으른 사람들에게도 지급하는 것을 정당화해야 한다. 거듭 말하는데 그 문제에 관해서는 5장에서 상세히 논하겠다.

소득세 이외의 재원

상속세의 증세는 정당화할 수 있는가?

앞서 말한 대로 세율을 25퍼센트 인상하는 구상은 부자의 부담이 지나치게 커지기 때문에 실현하기 힘들지도 모른다. 현재의 최고세율은 45퍼센트로 25퍼센트를 더하면 70퍼센트나 된다. 1974년 당시의 최고세율은 75퍼센트로, 그에 비하면 70퍼센트는 낮지만 한번 인상한 것을 원래대로 돌리려면 큰 정치적 곤란이 따른다.

그래서 다른 재원도 모색해야 하는데 가장 유력한 후보는 상속세다. 극단적으로 말하면 상속재산은 국민의 공유재산으로 해석할 수도 있다. 소유자가 사망하면 소유권은 그 누구에게도 귀속되지 않는다고 생각해도 무방하기 때문이다. 일본에서는 사업가인 호리에 다카후미 씨와 고가이단小飼彈 씨가 '100퍼센트 상속세'를 주장했다. 즉 상속재산을 모두 국가가 거둬들이자는 뜻이다.

그런데 100퍼센트 상속세는 실제로는 효과가 미미하다. 생전에 증여해 상속세를 피하거나, 증여세를 인상하면 증여가 아니라 거래한 것으로 하거나, 회사 형태로 승계시키는 등 빠져나갈 길은 궁리하기 나름이다. 이념적으로도 자신이 노력해서 모은 재산을 대대손손 상속할 권리를 빼앗는 100퍼센트 상속세는 사적 소유권의 부정을 의미한다는 반론이 나올 수도 있다.

이러한 점들을 고려해 나는 100퍼센트까지는 가지 않더라도 상속세율을 대폭 인상해야 한다고 주장하고 싶다.

단순하게 생각해서 상속세를 일률적으로 30퍼센트 인상했다고 치자. 현재의 최고세율은 55퍼센트이므로 최고세율은 85퍼센트가 된다. 그 세율이 적용되는 자산가의 자녀들이라면 15퍼센트의 상속재산만으로도 충분히 즐기며 살 수 있다.

상속재산은 연간 80조 엔이므로 세수는 24조 엔이 증가한다. 앞서 말한 추정으로는 64조 엔의 새로운 재원이 필요하다. 그렇다면 차액인 40조 엔을 소득세로 충당했을 경우 일률적으로 15퍼센트가량 인상해야 한다. 그 경우 소득세의 최고세율은 60퍼센트다. 모든 부자가 모쪼록 이 세율을 허용해주길 바란다.

고정자산세, 자원세, 로봇세

토머스 페인과 토머스 스펜스가 인류의 공유재산인 토지에 매기는 세금과 지대를 기본소득의 재원으로 요구한 것을 모방하면 토지에 부과하는 고정자산세의 증세와 마찬가지로 공유재산인 금속과 석유 등의 천연자원에 포괄적인 세금을 매기는 것도 마땅히 검토해야 한다.

이란과는 달리 천연자원이 풍부하지 않은 일본에서는 국내에서 채굴하는 자원에 세금을 매겨도 세수는 신통치 않으나, 외국에서 수입하는 자원에 세금을 부과하는 것은 가능하다.

이러한 자원세를 재원으로 하는 기본소득은 생태학적 기본소득이라고 할 수도 있다. 자원은 대부분 어차피 쓰레기가 되든가 이산화탄소를 배출하기 때문이다.

쓰레기와 이산화탄소 같은 '비재화bads'(재화goods의 반대말로 경제성장에 도움이 되는 상품이나 경제행위지만 동시에 환경문제와 사회적 문제 같은 부정적인 편익을 초래하는 재화)에 세금을 부과하는 것은 사적 소유권을 침해할 우려가 있는 소득세의 증세보다는 정당화하기 쉽다.

한마디로 지구환경을 오염시키는 사람은 그에 상응하는 벌칙을 부과해야 한다는 논리다. 그리고 그 오염으로 모든 사람이 피해를 보기 때문에 자원세로 얻은 수입은 모든 사람에게 기본소득으로서 환원해야 한다는 논리가 성립한다.

미래에 관해 말하면 AI와 로봇이 사람들의 일자리를 빼앗은 까닭에 기본소득의 도입은 필수이므로 AI세와 로봇세를 기본소득의 재원으로 삼아야 한다는 주장도 타당성을 띤다.

하지만 우선 문제는 AI와 AI가 아닌 것, 로봇과 로봇이 아닌 것을 구별하기가 곤란하다는 점이다. 예를 들어 검색엔진은

AI라고 할 수 있을까? 지문인식 시스템은 AI인가? 자판기는 로봇이라고 할 수 있는가?

만일 구별이 가능하더라도 여전히 문제를 내포한다. 많은 기업이 지금은 '저희 상품에는 AI가 내장되어 있습니다'라고 자랑스럽게 선전하지만 AI세를 도입한 순간 '저희 상품에는 AI 같은 그런 거창한 것을 쓰지 않습니다'라고 겸손을 떨며 속일 것이다.

실제로 최대한 AI를 쓰지 않고 상품을 만들거나 기업이 헛된 노력을 기울일 가능성이 크다. 맥주에 높은 세율을 부과하자 맥주 회사가 국민 전체에 이익이 되지 않는 발포주 개발에 착수했던 사례를 회상하면 이해하기가 쉬울 것이다. 발포주는 오로지 맥주에 부과되는 높은 세율을 피하려고 개발한 상품이므로 이러한 왜곡된 세제를 시행하지 않았으면 출시할 리도 없었다.

자, 지금까지의 설명을 통해 증세하면 기본소득의 도입이 가능하다는 사실을 어느 정도 이해했을 것이다. 그러나 설사 그렇더라도 원래 일본이 재정위기에 빠졌다면 서둘러 재정부터 재건해야 한다. 그 말은 곧 기본소득을 도입할 여유가 없다는 뜻이다. 정말로 일본은 재정위기에 빠졌을까?

일본의 재정위기는 사실인가?

아베노믹스의 가장 큰 실패

2012년 12월에 아베노믹스를 실시한 지 약 5년이 지났다. 그 동안 실업률은 계속 하락하고 유효구인배율active job opening rate(구직자 한 명당 일자리 수)은 계속 상승하고 있다. 그러나 이는 2008년 리먼 사태▼가 원인인 급격한 경기침체에서 비롯된 경향이므로 그것만으로는 특별히 아베노믹스에 경기회복 효과가 있었다고 하기는 어렵다.

한편 고용 동향은 2012년까지는 취업자 수(일하고 있는 사람의 수)가 저하하거나 제자리걸음을 했으나 이후로는 증가하는 추세다(〈도표 7〉 참조). 아베 정권이 들어선 2012년을 경계로 그래프가 들쭉날쭉한 것이다.

비정규직 고용만이 아니라 정규직 고용도 증가하고 있다. 현재 일손부족은 저출생, 고령화로 '생산연령 인구'(16~65세의 인구)가 감소한 탓이라는 지적도 있지만, 그렇다면 '경제활동 인구'가 감소할 텐데 그렇지는 않다.[9]

'경제활동 인구'란 '취업자 수'와 '실업자 수'(일을 찾고 있는 사람의 수)의 합계이며 노동공급을 의미한다.

▼ Lehman Shock   2008년 9월 15일에 미국 증권회사인 리먼 브러더스Lehman Brothers Holdings Inc.의 파산이 유발한 세계금융위기.

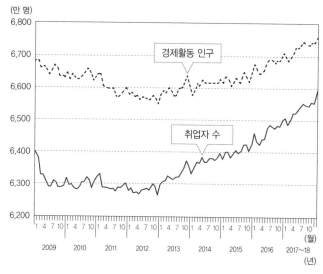

〈도표 7〉 **일본의 경제활동 인구와 취업자 수**

(만 명)

경제활동 인구

취업자 수

(월)

2009　2010　2011　2012　2013　2014　2015　2016　2017~18
(년)

출처: 총무성 통계국 노동력 조사

　지금껏 구직활동조차 하지 않았던 사람들이 일이 있으니까 잇따라 노동시장으로 나오는 것이다. 요컨대 저출생, 고령화로 노동공급이 감소해 일손이 부족한 것이 아니다. 노동수요가 증가해서 노동공급도 증가했으나 후자의 신장세가 전자의 신장세를 따라잡지 못하는 탓이다. 이 사실로 알 수 있듯이 고용 개선은 아베노믹스의 최대 성과라고 할 수 있다.

　한편 민주당 정권(2009~2012년)의 실질성장률이 연평균 1.6퍼센트인 것에 비해 제2차 아베 정권(2013~2017년)의 실질성장률은 연평균 1.4퍼센트로 약간 실적이 떨어진다. 주된 이유는 리먼 사태 이후에 이어진 경기침체의 반동으로 2010년의 실질성장률이 약 4퍼센트로 특출 나게 높았기 때문이지만, 그와 동시에 아베 정권에서 GDP의 60퍼센트를 차지하는 민간 최종 소비지출(가계의 소비재 지출)이 부진한 탓도 있다. 말하자면 가계가 지갑을 열지 않는 것이다.

특히 2014년에 소비지출이 곤두박질쳤는데 그 이유는 명백하다. 2014년 4월에 소비세율을 5퍼센트에서 8퍼센트로 인상했기 때문이다. 만일 소비세를 올리지 않았다면 소비지출은 훨씬 높은 수준에서 변동해 아베 정권의 실질성장률도 더 높아졌을 것이다. 따라서 소비세 증세야말로 아베노믹스의 가장 큰 실패라고 할 수 있다.

그런데 지금 또 같은 실패를 반복하려고 한다. 2019년 10월부터 소비세율을 8퍼센트에서 10퍼센트로 인상할 예정이다. 이런 일을 반복한다면 우리는 영원히 통화량의 축소에 따른 불황에서 벗어날 수 없을지도 모른다. 잃어버린 20년이 30년과 40년이 될 가능성마저 있는 것이다.

재정 재건을 포기하라

소비세를 올리는 목적은 물론 재정 재건이다. 현재 TV와 신문 등 모든 언론이 일본이 재정위기라며 재정 재건의 필요성을 대전제로 정책을 논의한다. 그러나 그것이 바로 망국으로 가는 길이므로 이 대전제를 의심하는 논의부터 시작해야 한다.

재정 재건이라고 해도 다양한 정의와 접근방법이 있으나 나는 콕 집어서 '기초재정수지primary balance'의 흑자화를 목표로 하는 형태로 재정 재건을 당분간 포기하라고 주장하고 싶다.

'기초재정수지'는 '정부의 수입'인 세금에서 '정부의 지출'을 뺀 것이다. 단, 여기서 말하는 '정부의 지출'에는 국채 상환분(빚의 변제분)은 포함되지 않는다.

이 기초재정수지가 적자(마이너스)면 들어올 돈보다 쓴 돈이 많다는 뜻이므로 정부의 빚은 늘어난다. 반대로 기초재정수지가 흑자(플러스)면 쓴 돈보다 들어올 돈이 많다는 뜻이므로 빚은 줄어든다. 따라서 재정 재건을 위해서는 기초재정수지를 흑자로 만들어야 한다는 주장은 자연스럽다.

그런데 기초재정수지를 흑자로 만들고자 증세했다가는 통화량이 수축되어 불황에서 헤어날 수가 없다. 세금을 늘릴 때마다 소비 수요가 감소해 경기가 나빠지기 때문이다.

그렇다면 진퇴양난이어서 재정 재건과 통화량의 수축에 따른 불황에서의 탈출을 병행하기는 불가능할 듯싶지만, 실은 두 가지는 병행이 가능하며 어떤 의미에서 재정 재건은 이미 끝났다.

현재 정부의 빚은 약 1,100조 엔으로 분명 막대한 액수다. 그런데 정부가 발행한 국채 중 400조 엔 이상은 일본은행에 진 빚이다(〈도표 8〉 참조).

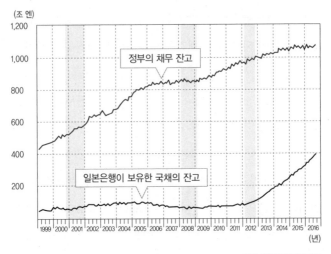

〈도표 8〉 **정부의 채무 잔고와 일본은행이 보유한 국채의 잔고**

(조 엔)

정부의 채무 잔고

일본은행이 보유한 국채의 잔고

(년)

출처: 일본은행 홈페이지

플러스 금리라면 정부는 일본은행에 이자를 내야 하지만 그렇게 번 액수만큼 일본은행은 결국 정부에 상납한다. 정부가 일본은행에 진 부채는 빚으로서의 실질적인 의미가 조금도 없는 것이다.

재정 재건은 필요 없다

원래 정부와 일본은행은 둘 다 국가기관이므로 이를테면 아버지가 생판 남이 아니라 가족인 어머니에게 돈을 꾸는 셈이다. 정부와 일본은행을 하나로 묶어서 가족처럼 보면 그 빚은 1,100조 엔에서 400조 엔을 뺀 700조 엔이다.

이처럼 정부와 중앙은행을 하나로 묶은 것을 일본에서는 경제학 용어로 '통합정부統合政府'라고 한다. 국가의 빚은 이 두 기관을 합친 '통합정부'의 빚으로 생각해야 한다. 따라서 정부의 빚이 1,100조 엔이어도 국가의 빚은 700조 엔이다.

〈도표 9〉처럼 일본은행은 금융완화정책을 시행할 때 '매입조작'▼이라고 해서 국채를 민간은행 등의 금융기관으로부터 사들여 지폐를 발행한 돈으로 그 대금을 치른다. 요컨대 화폐와 국채를 교환하는 것이다.[10]

일본 지폐의 정식 명칭은 '일본은행권'이며 형식상으로는 일본은행의 채무증서다. 그래서 종종 매입조작도 '국채라는 정부의 채무증서'를 '지폐라는 일본은행의 채무증서'로 전환했을 뿐 통합정부의 채무액은 변함이 없다는 비판을 한다.

그러나 지폐는 분명 형식적으로는 채무증서지만 실질적으로는 그렇지 않다. 원래 지폐(은행권)는 금 같은 귀금속을 맡겼을 때 받는 '보관증'이 기원이다. 그 보관증을 가져가면 귀금속을 돌려주었다. 채무증서의 역할을 한 것이다. 그 후 그 보관증은 상품의 매매에 이용되었고 지폐가 되었다.

전쟁 전의 금본위제 시대에는 지폐를 일본은행에 가져가

▼ buying operation 중앙은행이 시장으로부터 유가증권을 매입해 자금을 시장에 공급해서 금융을 완화하려는 정책. 일본은행은 국채의 매입조작과 어음조작을 하는데 전자는 성장통화를 공급하기 위해, 후자는 계절적인 금융조정을 위해서다. 이와는 반대로 중앙은행이 보유한 유가증권을 시장에서 매각해서 자금을 흡수하고 금융을 긴축하려는 정책을 '매각조작selling operation'이라고 한다.

면 금과 교환해주었으므로 아직 채무증서의 역할은 남아 있었다. 그러나 현재는 '관리통화제도'를 채택해 지폐를 금으로 교환해주지는 않는다. 지폐는 결국 국가의 신용 이외에 아무런 보증도 없이 유통되므로 채무증서의 역할은 없다.

더욱이 만일 지폐를 채무증서로 간주하고 빚은 갚아야만 한다면 이 세상에서 지폐를 전부 없애야 한다. 그러면 시장경제가 무너져 많은 사람이 굶어 죽는다.

따라서 지폐를 채무증서로 보는 사상은 경제와 사회를 파멸시킬지도 몰라서 위험하므로 실질적으로는 채무증서로 보지 않는 편이 건전하다.

▼ 管理通貨制度, managed currency system　통화당국이 물가안정, 경제성장, 완전고용의 달성 같은 정책목표를 기초로 통화(은행권) 발행고를 정책적으로 조작 또는 조절하는 제도.

국가의 빚은 조만간 소멸한다

국가의 빚이 700조 엔인 한편 정부의 자산도 마침 700조 엔 가까이 된다. 이는 곧 국가의 순채무액이 약 0원이란 뜻이니 일본의 재정 재건은 완료되었다고 생각할 수도 있다.

하지만 빚을 청산하겠다고 정부 자산을 모조리 매각할 수는 없다. 더욱이 지금은 제로 금리(또는 마이너스 금리) 시대여서 국가가 빚을 졌어도 이자는 없으나 플러스 금리면 이자가 발생해 국가에 부담이 되므로 결국은 세금이라는 형태로 국민이 부담해야 한다.

따라서 정부의 자산을 믿지 말고 700조 엔의 빚을 줄여야 한다. 해결방법은 간단하다. 제로 금리인 지금 일본은행이 매입조작으로 시중의 국채를 회수하면 된다.

현재 일본은행은 한 해에 60조 엔씩 국채를 사들이고 있고, 반면에 기초재정 수지는 약 20조 엔의 적자다. 국가의 빚은 해마다 그 차액인 40조 엔씩 줄어들므로 18년만 지나면 나라의 빚은 완전히 소멸한다. 매입조작을 하면 화폐가 늘어나 그 부작용으로 인플레이션이 일어날 테지만 다행인지 불행인지 물가상승률(핵심 소비자 물가지수의 상승률)은 2018년 1월 현재 0.9퍼센트로 일본은행이 목표로 하는 2퍼센트에는 도달하지 못했고 현재로선 도달할 기미도 없다.

그리고 내가 중시하는 물가상승률의 지표인 코어코어CPI˅는 현재 0.4퍼센트다. 핵심 소비자 물가지수˅˅는 CPI(소비자 물가지수)에서 가격변동이 심한 신선식품의 가격을 없앤 것이며, 코어코어CPI는 핵심 소비자 물가지수에서 다시 에너지 가격을 제외한 것이다.

에너지 가격이 올라서 핵심 소비자 물가지수가 상승해도 그것은 '초과수요 인플레이션demand pull inflation'(＝수요 견인 인플레이션, 경기과열로 총수요가 총공급을 웃돌아 물가가 오르는 현상)은 아니므로 핵심 소비자 물가지수는 경기의 동향을 나타내는 지표로 타당하지 않다. 따라서 에너지 가격을 제외한 코어코어CPI를 참조해야 한다.

화폐발행 이익을 재원으로 한 기본소득

헬리콥터 머니란 무엇인가?

앞서 말했다시피 현재의 물가상승률(핵심 소비자 물가지수)은 0.9퍼센트로 일본은행의 목표인 2퍼센트에 도달하지 못했다.

▼ **core core CPI**　소비자 물가지수CPI에서 태풍이나 이상기후, 시장경기, 환율 등 외적 요인에 따라 가격변동이 큰 식재료(주류는 제외)와 에너지를 제외하고 산출한 지수로 일본 총무성이 매달 발표한다. 아울러 에너지에 포함되는 품목은 전기요금, 도시가스요금, LPG, 등유, 휘발유 등이다.

▼▲ **Core Consumer Price Index(core CPI)**　식료품 등 가격변동이 큰 품목을 제외한 소비자 물가지수. 인플레이션과 디플레이션의 정도를 파악할 때 이용한다. 일본에서는 신선식품만 제외하지만 미국처럼 식료품과 에너지 품목을 제외하는 나라도 있다.

그러면 세상에 나도는 돈의 양(통화공급량money stock, 금융기관과 중앙정부를 제외한 국내의 경제주체가 보유한 통화의 총량)을 더 늘려야 한다.

통화량의 수축에 따른 불황에서 완전히 벗어나려면 정부가 발행한 국채를 재원으로 국민에게 돈을 지급해 통화공급량을 늘려야 한다. 발행한 국채는 어차피 일본은행이 매입하므로 실질적인 빚은 아니다.

이러한 급부를 경제학에서는 '헬리콥터 머니'라고 부른다. 하늘에서 헬리콥터로 돈을 뿌리듯이 정부와 중앙은행이 발행한 돈을 국민에게 뿌리는 정책이다. 어정쩡한 정책으로 보일지도 모르지만 역소득세와 마찬가지로 프리드먼이 제창한 훌륭한 내력을 지닌 정책이다.

헬리콥터 머니는 프리드먼이 1969년에 제창한 지 30년 이상 지난 2002년에 세계적으로 주목을 받는다. 훗날 연방준비이사회Federal Reserve Board(FRB) 의장이 된 벤 버냉키▼가 중앙은행에 의한 국채 매입과 감세의 조합은 프리드먼이 말한 헬리콥터 머니와 같은 효과가 있다고 말했기 때문이다.

▼ **Ben Bernanke** 1953~, 하버드대학 경제학부를 졸업하고 MIT에서 박사학위를 취득했으며 프린스턴대학 교수, 뉴욕대학과 MIT의 객원교수 등을 역임했다. 부시 대통령, 헨리 폴슨 Henry Paulson 재무장관과 함께 서브프라임론의 회수 불능으로 금융시장의 유동성이 저하하자 서브프라임 위기에서 미국의 금융제도를 구할 목적으로 금융안정화 법안을 기초하고, 제로 금리와 양적 완화정책 등 과감하고 파격적인 통화정책을 시행해 『타임』지의 올해의 인물로 선정되었다.

감세한 만큼 재정지출을 줄이지 않으면 정부의 빚은 늘어나기 마련이다. 그때 중앙은행이 국채를 매입하면 결국 중앙은행이 국민에게 돈을 뿌리는 셈이나 마찬가지다.

더구나 중앙은행이 국채를 매입하는 '금융정책'과 감세와 재정지출의 증대 같은 '재정정책'의 조합은 '재정적자 화폐화 fiscal debt monetization'라고도 부른다. 재정적자 화폐화는 헬리콥터 머니의 일종으로 평가하는데, 이 점에 관해서는 나중에 상세히 설명하겠다.

2015년에는 전 영국 금융감독청FSA 장관인 아데어 터너[▼]가 『부채의 늪과 악마의 유혹 사이에서―통화, 신용, 그리고 글로벌 금융』에서 헬리콥터 머니에 관해 언급한 덕에 다시금 주목을 모았다.

터너가 그 저서에서 중앙은행이 보유한 국채를 영구채[▼▲]로 만드는 아이디어를 제시한 뒤 헬리콥터 머니라는 말은 특히

[▼] **Adair Turner** 1955~, 케임브리지대학 졸업 후 영국산업연맹CBI 대표, 메릴린치 유럽법인 부회장, 매킨지사McKinsey & Company, Inc. 등을 거쳐 2008년부터 2013년까지 영국 금융감독청 장관을 역임했으며, 현재는 케네스 로고프Kenneth Saul Rogoff, 조지프 스티글리츠Joseph Eugene Stiglitz, 마이클 스펜스Andrew Michael Spence 등과 함께 조지 소로스George Soros가 설립하고 자금을 제공한 신경제사고연구소Institute for New Economic Thinking(INET) 소장으로 활동하고 있다.

[▼▲] **永久債, perpetual bond** 국가와 기업이 자금을 조달하기 위해 발행하는 채권의 일종으로 만기가 없다. 만기 때 원금을 상환하는 '유기채'와는 반대로 원금 상환 규정이 없어 발행주체가 존속하는 한 영구히 이자를 낸다. 게다가 투자자는 원금 상환을 요구할 수 없으며, 만기가 되어도 실질가치가 하락하지도 않아서 발행주체에게는 유리하지만 높은 신용도와 높은 이율을 요구한다.

'회수되지 않는 돈을 뿌린다'라는 의미로 많이 쓰였다.

　　그런데 국채를 영구채로 만드는 것은 별로 의미가 없을 듯하다. 원래 통합정부의 관점에서 봤을 때 정부는 중앙은행에 돈을 갚을 필요가 없고 국채 상환기한이 와도 빌려서 갚으면 그뿐이다.

돈의 흐름

터너가 말한 것과는 달리 내가 생각하는 헬리콥터 머니의 본질은 돈의 흐름을 바꾸는 것이다. 〈도표 10〉처럼 통상적으로 돈은 다음 세 가지 단계를 거쳐 가계까지 유통된다.

　　(1) 매입조작: 중앙은행이 발행한 돈을 민간은행에 공급한다.

　　(2) 대출: 민간은행이 기업에 돈을 공급한다.

　　(3) 임금 등: 기업이 가계에 임금과 배당의 형태로 돈을 지불한다.

　　그런데 제로 금리(마이너스 금리)일 때는 금융완화정책의 효과가 미미해서 대출이 원활히 이루어지지 않아 돈이 시중에 유통되지 않는다. 따라서 돈을 다른 경로로 유통해야 한다.

　　민간은행에서 기업으로 돈이 흐르는 경로가 막히면 다른 경로를 개척할 수밖에 없다. 그 경로는 세 가지이며 헬리콥터 머니는 '정부 지폐의 발행', '직접적 재정적자 화폐화', '간접적 재정적자 화폐화'의 세 가지로 분류할 수 있다.

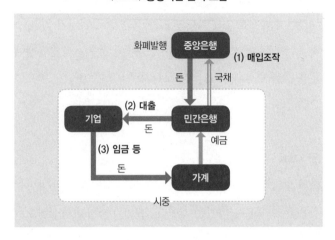

〈도표 10〉 **통상적인 돈의 흐름**

정부 지폐의 발행

정부 지폐의 발행은 〈도표 11〉처럼 정부에서 가게(또는 기업)로 곧장 흘러간다.

서기 1000년경 송 왕조의 정부가 교자交子라는 최초의 지폐를 발행한 이래 중국에서는 오랜 세월 금 왕조의 교초交鈔, 원 왕조의 중통초中統鈔, 명 왕조의 대명보초大明寶鈔 같은 정부 지폐가 통용되었다.

그 후 청 왕조는 지폐는 발행하지 않고 은본위제를 채택했다. 송 왕조에서 발행된 정부 지폐라는 인류 역사상 획기적인 아이디어가 중국의 후세에는 계승되지 않은 것이다.

일본에서도 에도 시대에 각 번藩이 번 안에서만 통용되던 한사쓰藩札라는 지폐를 발행했고, 메이지 정부도 다조칸사쓰

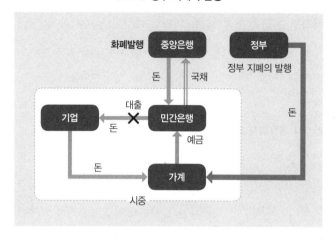

〈도표 11〉 **정부 지폐의 발행**

太政官札와 메이지쓰호明治通寶라는 지폐를 발행했다.

하지만 1882년에 일본은행이 설립되어 지폐의 발행주체는 정부에서 중앙은행으로 바뀌고,[11] 이후 현재에 이르기까지 일본에서 정부 지폐는 발행되지 않는다.

디플레이션에서 벗어나는 구체적인 수단으로서 정부 지폐의 발행은 타당할까? 첫째는 정부가 지폐를 발행하면 국민의 인기를 얻기 위해, 혹은 군비확충 등의 재원으로 쓰려고 무한정 발행하는 하이퍼인플레이션▼을 유발할지 모른다는 비판이 나올 수 있다.

▼ hyper inflation 극히 짧은 기간에 물가가 폭등하는 극심한 인플레이션으로 초인플레이션이라고도 한다.

그리고 중앙은행과 정부라는 두 개의 지폐 발행주체가 존재하면 혼란을 초래한다는 비판도 예상된다. 이러한 비판 때문에 헬리콥터 머니를 실시하기 위한 수단으로는 '재정적자 화폐화'가 현실적이고 부작용도 적다고 생각한다.

간접적 재정적자 화폐화

앞서 말했다시피 재정적자 화폐화는 재정정책과 금융정책의 결합이다. 정부가 재정지출을 위해 발행한 국채는 주로 민간은행이 사들인다. 그 국채를 중앙은행이 민간은행으로부터 매입하면 결국 정부가 일본은행에 빚을 지는 셈이다. 중앙은행이 발행하는 화폐가 정부 지출의 재원인데 그 사이에 민간은행이 끼어 있으므로 이러한 정책은 '간접적 재정적자 화폐화'라고 부를 수 있다.

간접적 재정적자 화폐화로서의 헬리콥터 머니는 〈도표 12〉의 굵은 화살표처럼 돈이 흘러간다. 특히 중앙은행이 국채를 매입하는 것은 '국채의 화폐화'로 파악할 수 있다. 매입조작으로 시중 국채를 화폐와 교환하기 때문이다.

여기서 국채의 화폐화는 중앙은행의 통상적인 운영이라는 점에 주의하자. 금리정책이든 양적 완화정책이든 완화정책의 수단은 매입조작이며 국채의 화폐화는 평소에도 한다.

매입조작은 세상에 나도는 돈(통화공급량)을 늘리는 기본적인 수단이고, 장기적으로는 경제성장에 맞춰 계속 돈을 늘려

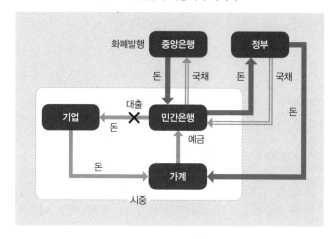

〈도표 12〉 **간접적 재정적자 화폐화**

야 하기 때문이다. 이러한 목적으로 늘리는 돈을 '성장통화'라
고 한다.

　발육과정에서 신체가 커질수록 혈액량도 늘어나야만 빈혈
이 생기지 않는다. 돈은 경제의 혈액 같은 것으로 경제 규모(가
령 GDP)가 커져도 돈이 늘어나지 않으면 경제에서의 빈혈, 즉
통화량의 수축에 따른 불황이 발생할 가능성이 있다. 그리고
그로 말미암아 잠재적으로는 성장이 가능한 경제도 실제로는
성장이 억제되기도 한다.

　한편 정부가 국채를 재원으로 지출하는 것도 통상적인 운
영이므로 재정적자 화폐화 자체가 특별한 정책이라고는 할
수 없다.

　간접적 재정적자 화폐화로서의 헬리콥터 머니는 항상 시행

해온 정책이다. 단, 통상 이것은 시중의 돈(통화공급량)을 늘리기 위한 주요 수단으로 기능하지는 않는다.

일반적으로 돈은 〈도표 10〉(84쪽)처럼 기업을 거쳐서 흘러가는데 그 흐름이 정체된 경우에 헬리콥터 머니는 통화공급량을 늘리는 거의 유일한 수단이다.

직접적 재정적자 화폐화

직접적 재정적자 화폐화는 〈도표 13〉처럼 정부가 직접 중앙은행에 국채를 판 돈을 재원으로 재정지출을 하는 것이다.

직접적 재정적자 화폐화를 하려면 중앙은행이 직접 국채를 인수해야 하는데, 이는 일본의 재정법 제5조에서 기본적으로 금지하고 있다.

그 까닭은 직접적 재정적자 화폐화를 계속해서 실시하면 정부 지폐의 발행과 마찬가지로 재정규율을 상실해 정부의 지출이 한없이 확대되어 초인플레이션을 유발할 우려가 있기 때문이다.

실제로 1931년 당시 대장성(일본 재무성의 옛 이름) 장관 다카하시 고레키요▼가 도입한 직접적 재정적자 화폐화는, 이 정책

▼ **高橋是清**　1854~1936, 특허와 상표 등 일본 산업재산권 제도의 창시자이자 정치가로 메이지 시대에 관련법의 입법과 제도운영을 지휘했고 제도를 정착시켰다. 모라토리엄 moratorium(상환유예)을 시행해 쇼와 공황에서 경제를 회복시켰다는 평가를 받는다. 재정팽창을 억제하기 위해 공채를 점진적으로 줄이는 정책을 실시함으로써 군부의 군사비 확대 요구를 억제했기 때문에 2·26사건으로 살해당했다.

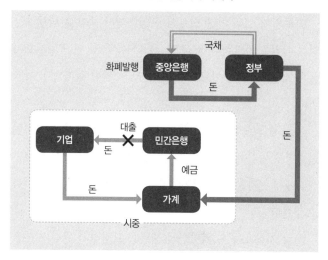

〈도표 13〉 **직접적 재정적자 화폐화**

으로 군사비 지출을 줄이려고 했던 고레키요가 1936년에 청
년 장교에게 암살당한 2·26사건 이후 군사비 재원으로서 한
없이 확충되었다.

단, 그 원인은 군부가 대두했고, 직접적 재정적자 화폐화를
제어하기 위한 규칙이 정비되지 않아서다. 그러한 규칙이 정
비된다면 직접적 재정적자 화폐화는 오히려 거시경제정책의
주축이 될 것이다.

고정 기본소득과 변동 기본소득

어쨌든 헬리콥터 머니 정책으로서 정부가 국민에게 일정한
액수를 지급하는 것도 기본소득의 일종으로 생각할 수 있다.

그 경우 재원은 '화폐발행 이익'이다.

'화폐발행 이익'이란 정부와 중앙은행이 화폐를 발행해서 얻는 이익을 의미한다. 앞서 언급했다시피 1만 엔권의 제조비용은 장당 약 20엔이므로 나머지 9,980엔이 화폐발행 이익이다.

나는 세금을 재원으로 하는 기본소득과는 별개로 이러한 화폐발행 이익을 재원으로 하는 기본소득도 실시해야 한다는 생각에서 전자를 '고정 기본소득', 후자를 '변동 기본소득'이라고 부른다.

'고정 기본소득'은 최저한의 생활을 보장하기 위한 기본소득을 의미하며, 안정된 재원을 필요로 하므로 세금을 기초자금으로 하는 것이 타당하다. 액수는 단기적으로는 변경되지 않고 장기적인 경제 동향을 감안해서 국회의 의결을 거쳐 변경한다.

한편 '변동 기본소득'은 경기를 통제하기 위한 기본소득으로 그 액수는 물가상승률과 실업률에 따라 변동한다. 통화량의 수축에 따른 불황이 이어지면 변동 기본소득의 지급액을 늘리고, 반대로 인플레이션에 따른 호황이 이어지면 액수를 줄인다.

영국의 경제학자이자 기본소득 지지자인 가이 스탠딩은 『기본소득—일과 삶의 새로운 패러다임』에서 경기변동에 따라 수급액을 다르게(침체기에는 더 많이, 호황기에는 더 적게) 지급하

는 형태의 기본소득제도[12]로서 '안정화 급여stabilization grant'
라는 기본소득적 제도를 제창했다.

변동 기본소득은 스탠딩이 말하는 안정화 급여 보조금과
유사하다. 단, 내가 말하는 변동 기본소득은 화폐발행 이익으
로 충당해야 한다. 표현을 달리하면 헬리콥터 머니를 바탕으
로 한 기본소득이다.

실시하는 방법은 당분간 간접적 재정적자 화폐화도 괜찮지
만 결국은 중앙은행이 정부로부터 직접 국채를 매입하는 것
이 바람직하다. 실제 물가상승률이 목표 물가상승률보다 낮
으면 국채의 매입액수를 늘리고, 높으면 매입액수를 줄이는
것이다.

정부는 매입액수를 국민의 숫자로 나눠서 빠짐없이 변동
기본소득으로서 지급한다. 그러려면 화폐발행 이익을 군비증
강과 도로건설 같은 다른 용도로 허비하지 않도록 규칙을 제
정해야 한다.

만일 정부가 이러한 직접적 재정적자 화폐화를 통해 언제
든 화폐발행 이익을 재원으로 이용하려 든다면 재정규율이
느슨해져 초인플레이션을 초래할 가능성이 있다.

국채의 매입액수는 철저히 중앙은행이 결정한다. 그러면
중앙은행의 결정에 따라서 변동 기본소득의 액수는 저절로
정해진다. 결국은 중앙은행이 변동 기본소득의 액수를 변경
하므로 중앙은행의 독립성은 지킬 수 있다.

나는 이러한 변동 기본소득에 따른 경기통제가 거시경제정책의 주축으로서 기존의 재정정책과 금융정책을 대신해야 한다고 생각한다. 본격적으로 그러한 정책을 시행하려면 다음 장에서 설명하는 화폐제도의 근본적 변혁이 필요하다.

기본소득 실현으로 가는 길

일본이 당장이라도 도입해야 하는 것은 국채를 재원으로 하는 급부제도다. 기존 제도는 일단 그대로 두고 1년째에는 모든 국민에게 매달 1만 엔, 2년째에는 매달 2만 엔을 지급하는 형태로 해마다 급부액을 늘려나가는 절차를 생각할 수 있다. 목표액은 임의로 7만 엔으로 하겠다. 물론 그 국채는 일본은행이 매입한다.

만일 이 제도를 2021년부터 실시한다면 2027년에는 7만 엔에 도달한다. 이 과정에서 물가상승률이 계속해서 2퍼센트를 크게 웃도는 경우 재원을 국채에서 세금으로 바꿀 필요가 있다. 이렇게 고정 기본소득제도를 확립한다.

물가상승률이 치솟을 경우는 금융긴축정책도 필요하나 국채를 팔아서 돈을 흡수하는 '매각조작'이라는 형태가 아닌, '법정준비율'의 인상이라는 형태로 긴축해야 한다. 법정준비율에 관해서는 다음 장에서 설명하겠다.

이러한 과정과 동시에 아동수당과 고용보험을 폐지하고 아울러 일본은행이 직접 인수한 국채를 재원으로 하는 변동 기본소득제도를 도입하면 내가 생각하는 이상적인 제도가 완성된다. 이는 고정 기본소득과 변동 기본소득으로 구성된 '이중 구조의 기본소득'이라고 할 수 있다.

3장

화폐제도 개혁과
기본소득

돈을 뿌려도, 돈을 뿌려도, 돈을 뿌리면서 풍류만 추구하네,
일을 잊고 풍류에 빠졌다네[13]

—류케이 이치로隆慶一郎, 『이치부안 풍류기一夢庵風流記』(1992)

화폐발행 이익을 국민에게 기본소득으로 배당하라

화폐발행 이익이란 무엇인가?

2장에서 헬리콥터 머니를 바탕으로 한 기본소득제도를 시행할 경우의 재원은 '화폐발행 이익'이라고 말했다. 그래서 '화폐발행 이익'에 관해 다시 한번 설명하겠다.

'화폐발행 이익'이란 정부와 중앙은행이 화폐를 발행해서 얻는 이익이다. 1만 엔권 지폐의 제조비용은 장당 약 20엔이므로 나머지 9,980엔이 화폐발행 이익이다.

사실 중앙은행이 화폐를 발행하는 경우는 좀더 복잡한 논의가 필요하지만,[14] 정부가 화폐를 발행하는 경우는 명확하다. 1986년에 쇼와 일왕 재위 60주년 기념 금화를 10만 엔에 판매한 경우가 좋은 예다.

이 금화에 들어간 금의 가치는 약 4만 엔이었다. 이 4만 엔과 약간의 주조비용을 뺀 나머지 약 6만 엔이 정부의 화폐발행 이익이다. 이 경우 4만 엔을 화폐의 '소재가치素材価値', 10만 엔은 화폐의 '액면가치'라고 한다.

중세 유럽과 일본 에도 시대의 위정자는 항상 동전의 이러한 액면가치와 소재가치의 차이로 화폐발행 이익을 얻었다.

화폐발행 이익은 영어로 '시뇨리지seigniorage'라고 하는데 그 어원은 시뇨르seigneur(영주)다. 화폐발행 이익은 중세 유럽에서는 봉건 영주의 특권이었다.

일본의 에도 시대에는 여러 번 다시 주조한 탓에 고반▼과 '초긴'▼▲의 '금이나 은의 '함량'이 떨어졌다. 에도 막부는 금화나 은화의 액면가치를 그대로 두고 함량을 줄이는 방식으로 소재가치를 떨어뜨려서 화폐발행 이익을 본 것이다.

에도 시대의 간조부교▼▲▼인 오기와라 시게히데▼▲▼▲는 고반의 금 함량을 3분의 2로 줄이고, 화폐량을 1.5배로 늘리는 '겐로쿠 개주元禄の改鋳'(1688~1704년)를 단행했다. 액면가격은 변함없이 '한 냥一両'이었으므로 그만큼 막부는 화폐발행 이익을 얻었다.

▼ **小判** 1573년부터 에도 시대(1603~1867년)에 걸쳐서 만든 타원형의 금화.

▼▲ **丁銀** 해삼 모양의 은화. 초긴의 보조화폐인 콩알만한 마메이타긴豆板銀처럼 사용할 때마다 적당히 잘라서 무게를 달아 값을 치렀다.

▼▲▼ **勘定奉行** 에도 막부의 관직명. 절과 신사에 관한 인사·잡무·소송을 관장한 지샤부교寺社奉行, 시중의 행정·사법·소방·경찰 업무를 보는 마치부교町奉行와 함께 산부교三奉行 중 하나다. 쇼군将軍 직속으로 정무를 총괄하고 다이묘大名(무사의 우두머리)를 감독하던 직책인 로주老中에 속한다. 막부의 재정운영과 주군을 대신하는 관리들을 통솔하고, 또한 막부직할지의 세금징수, 금전, 곡물의 출납, 영내 백성의 소송을 관장했다.

▼▲▼▲ **荻原重秀** 1658~1713, 제5대 쇼군 도쿠가와 쓰나요시 시기부터 제6대 쇼군 도쿠가와 이에노부 때까지 막부의 재정을 담당했다. 막부의 재정 궁핍을 타개하고자 화폐발행을 늘리고 화폐를 개주했으나 저질 화폐로 인해 물가가 폭등하고 사리사욕을 챙긴 탓에 정책에 반대하는 아라이 하쿠세키新井白石 등의 탄핵으로 실각했다.

화폐발행 이익의 배당

이렇듯 징세능력이 부족한 근대 이전의 위정자에게 화폐발행 이익은 중요한 재원이었다. 그러나 현대에도 정부는 화폐발행 이익을 이용한다. 즉 정부의 재원으로서 '세금', '국채' 이외에 '화폐발행 이익'을 꼽는다.

이들 세 가지 중 국채는 어차피 세금으로 상환하든가, 중앙은행이 사들여서 화폐발행 이익으로 바꿔야 한다. 따라서 정부의 항구적인 재원은 '세금'과 '화폐발행 이익' 두 가지다.

1장에서 기본소득에는 공적인 수익의 분배, 다시 말해 '국민배당'이라는 측면이 있다고 했다. 이란과 달리 천연자원이 부족한 일본에서는 그러한 국민배당은 불가능할 듯싶다.

그런데 중앙은행이 있는 나라라면 어디든 화폐발행 이익이라는 공적인 수익을 분배할 수 있다. 더글러스가 제창한 '국민배당'이 바로 이러한 화폐발행 이익의 배당이다.

화폐발행 이익은 인류가 휘두를 수 있는 거의 유일한 도깨비방망이며 우리는 디플레이션(또는 디스인플레이션▼)일 때는 이 도깨비방망이를 부작용 없이 휘두를 수 있다. 거꾸로 말하면 헬리콥터 머니 정책을 시행하지 않는 정부와 중앙은행은 국민의 복지welfare(후생, 행복) 수준을 높이는 책무를 게을리 하는

▼ disinflation 인플레이션을 통제하기 위해 통화증발을 억제하고 재정·금융 긴축을 주축으로 하는 경제조정정책. 물가를 인하하면 생산수준이 저하되어 실업이 증가하므로 가격이 하락하는 디플레이션과는 달리 상승한 물가를 일정 수준으로 유지하는 것이 목표다.

것이다. 물론 그러한 정책을 무제한 인정하면 과도한 인플레이션이 야기된다. 그러나 2~4퍼센트 정도의 완만한 인플레이션 상태가 될 때까지는 오히려 헬리콥터 머니 제도를 적극적으로 실시해야 한다.

화폐제도의 변천

화폐제도는 변천한다

앞으로 대체통화로서 비트코인 같은 가상통화의 유통량이 늘어날수록 좋든 싫든 화폐제도는 개혁할 수밖에 없다. 역사적으로도 화폐제도는 변천을 거듭했으므로 현대의 화폐제도가 진화의 최종 형태라는 보장은 없다.

우리는 '제도'를 자칫 자연환경처럼 주어진 것으로서 인식하지만 인위적인 창조물에 불과하므로 결함이 있으면 주저하지 말고 개혁해야 한다.

내가 '기본소득지구네트워크' 주최 국제회의에서 발표한 논문에서는 기존의 화폐제도를 '정부 중심의 화폐제도 Administration-centered Monetary Regime'(A레짐)와 '은행 중심의 화폐제도Bank-centered Monetary Regime'(B레짐)로 분류한다. 중심이란 여기서는 화폐발행 이익을 주로 누리고, 그 용도를 결정하는 주체를 의미한다.

A레짐은 정부(황제, 군주 등의 주권자)가 금속화폐와 지폐를 발행하며, 화폐발행 이익을 얻는다. 한편 B레짐은 중앙은행과 민간은행이 지폐와 예금통화를 창조하며, 그 은행들이 먼저 화폐발행 이익을 향유한다.

나아가 A레짐은 '금속화폐 레짐'과 '정부 지폐 레짐'으로 나뉘며, B레짐은 금본위제, 은본위제 등의 '귀금속본위제'와 '관리통화제도'로 나뉜다.

정부 중심의 화폐제도

근대 이전은 동서양을 막론하고 주요 지역에서는 '정부 중심의 화폐제도'(A레짐)를 채택했으며 대개가 금속화폐 레짐이었다.

기원전 7세기 리디아왕국▼에서 최초의 동전인 호박금화▼▲가 발행된 이래로 오랜 세월 황제나 군주 등의 위정자가 직접 금속화폐를 주조해 유통했다. 그러나 화폐의 재료인 금과 은의 매장량에는 한계가 있으므로 화폐량을 마음대로 늘릴 수는 없다.

▼ Lydia   기원전 7세기경 소아시아(현재의 터키령)의 서부에 그리스문화의 영향을 받은 메름나드Mermnad 왕조가 세운 고대 왕국으로 수도는 사르디스Sardis였다. 해안과 내륙을 연결하는 교통의 요충지였으므로 교역과 풍부한 자원(금, 농산물)으로 번영을 누렸다. 세계 최초로 화폐를 주조했다고 전해지며 크로이소스Kroisos 왕 때가 최고의 전성기였다. 기원전 546년에 페르시아의 침략으로 멸망했다.

▼▲ Electrum   그리스어로 호박을 의미하며 금과 은을 합금한 담황색이 호박을 연상시켜서 호박금琥珀金이라고 불렀다.

만일 경제 규모가 커져도 화폐량이 늘지 않으면 통화량 부족으로 경제가 정체된다. 실제로 근대 이전의 경제는 종종 이러한 사태를 초래해 장기간에 걸친 통화량의 부족이 가져온 물가하락으로 불황을 경험했다.

그러한 통화량 부족에 대한 주요 해결 수단은 다음의 네 가지다.

(1) 지폐 같은 신용화폐credit money의 발행
(2) 화폐 개주
(3) 새로운 금광과 은광에서의 채굴
(4) 수출을 통한 금속화폐의 획득(혹은 금속화폐의 수출금지)

가령 10세기 이슬람권의 은 부족 사태는 환어음의 이용으로, 중국 송 왕조의 전황錢荒, 즉 금속화폐의 부족은 지폐의 발행으로, 14~15세기 유럽의 화폐 부족(귀금속 기근)은 신대륙에서 가져온 대량의 은으로, 중국 청 왕조의 은 부족 사태는 수출을 통한 은의 획득으로 각각 해소되었다.

그리고 17세기 유럽의 화폐 부족은 화폐제도를 A레짐에서 B레짐으로 전환하면서 극복했다. 이 전환은 유럽이 부흥하고 산업혁명을 일으켜서 세계를 지배하기에 이르는 하나의 요인이 되었다.

은행 중심 화폐제도의 역사

근대 화폐제도인 '은행 중심 화폐제도'(B레짐)는 18세기 영국에서 현대와 같은 제도의 틀을 만들었다. 근대적인 은행의 기원은 일반적으로 영국의 '골드스미스뱅크Goldsmith Bank'라고 한다.

17세기 영국의 '골드스미스'(금세공인)들은 금을 보관하는 튼튼한 금고를 가지고 있어서 사람들의 금을 맡아 보관하는 업무, 말하자면 예금 업무를 했다. 이러한 업무를 하는 일종의 은행이 '골드스미스뱅크'다.

금을 맡아 보관할 때 금세공인이 발행하는 보관증인 '골드스미스 노트goldsmith note'는 이윽고 교환의 수단으로 이용되었다. 보관증이 지폐(은행권)로 유통된 것이다.

중앙은행제도가 정비되기 이전의 시대에는 영국과 미국, 일본에서도 각 민간은행이 제각기 은행권을 발행해 유통했다. 그러한 상태를 '프리뱅킹free banking'(자유은행)이라고 한다. 지금으로 말하면 미즈호은행이 '미즈호 지폐'를, 미쓰비시 UFJ은행이 '미쓰비시 UFJ 지폐'를 발행하는 것과 비슷하다.

한편 1694년에 설립된 잉글랜드은행은 훗날 중앙은행으로 발전하는데, 처음에는 정부에 대한 대부를 주요 업무로 하는 민간은행이었다. 단, 잉글랜드은행에는 정부에 대출해준 액수와 동일한 액수까지 지폐(잉글랜드은행권)를 발행할 권리를 주었다. 골드스미스뱅크에서 발전한 일반 민간은행은 이윽고 돈이 아니라 잉글랜드은행권을 보유했고, 나아가 그 은행권의 일부를 잉글랜드은행에 맡겼다.

이리하여 자연스럽게 예금 일부를 준비금으로 보유하는 '부분지급준비금제도reserve deposit requirement system'가 형성되었다. 그리고 동시에 잉글랜드은행은 '은행의 은행'으로서 기능하며 저절로 중앙은행의 역할을 담당하게 되었다.

잉글랜드은행의 중앙은행으로서의 법적 지위는 나중에 정비되었다. 1844년에 성립한 '필 은행 조례'˅라는 법률로 잉글랜드은행이 지폐의 발행을 독점했고, 영국의 자유은행 시대는 명실공히 종말을 맞이했다. 이로써 중앙은행만이 지폐발행 권한을 갖는 '은행권 독점 발행'이 제도화되어 일반 민간은행이 지폐를 발행하는 것은 불가능해졌다.

그리고 필 조례에 따라 잉글랜드은행은 지폐의 발행액과 동일한 액수의 금을 보유해야 하며, 지폐와 금을 교환해주어야 했다. 요컨대 금을 담보로 지폐를 유통하는 금본위제, 정확히

▼ Peel's Bank Act 1844년에 성립한 영국의 중앙은행제도로 잉글랜드은행 조례의 별칭이다. 수상 로버트 필Robert Peel이 부분지급준비금제도를 폐지함으로써 은행업의 건전성을 확보하고자 제정해서 붙은 이름이다. 주요 골자는 첫째, 향후 모든 은행의 은행권 발행은 새로이 획득한 금이나 은으로 100퍼센트 지급 보증돼야 한다. 둘째, 더는 신규 발권 은행의 설립은 허용되지 않는다. 셋째, 각 지방은행의 평균 은행권 발행 잔액은 현재 수준을 넘어설 수 없다. 넷째, 은행들이 병합되면 은행권 발행의 권리는 잉글랜드은행으로 이전된다 등이다. 1928년에 폐지될 때까지 오랫동안 세계 각국 중앙은행제도의 기반이 되었으나 금의 유출입에 비례해 은행권의 발행을 조절해서 공황을 타개하려던 계획이 오히려 공황을 격화시키는 바람에 결국 유명무실해졌다.

는 금지금본위제金地金本位制(=금괴본위제)가 확립된 것이다.

영국에서 확립된 금본위제를 따르는 이 B레짐은 자본주의의 안정적인 발전에 적합했으므로 유럽 각국과 미국, 일본에서도 채택되었다.

한편 나폴레옹이 프랑스은행을 설립한 해는 1810년이며, 1848년에는 은행권 발행의 독점권을 얻었다. 독일에서는 1876년에 중앙은행으로 라이히스방크Reichsbank가 설립되었는데 1920년대까지는 바덴, 작센, 바이에른 등 각 지역의 은행이 함께 계속해서 지폐를 발행했다.

일본에서는 1882년에야 일본은행이 설립되었으며, 미국에서는 상당히 늦은 1913년이 되어서야 중앙은행인 연방준비제도Federal Reserve System(FRS)가 설립되었다.

시기가 일정하지는 않지만 어떤 산업국의 화폐제도든 '부분지급준비금제도', '은행권 독점 발행제도', '금본위제'로 이루어진 거의 같은 제도를 가진 B레짐으로 수렴한다.

은행 중심 화폐제도의 특징

B레짐은 '신용창조'로 통화공급량을 늘리므로 금속화폐를 기초로 한 A레짐에 비하면 통화량 부족에 따른 물가하락을 초래할 가능성이 적다. '신용창조'는 민간은행이 돈을 만드는 제도다. 은행이 대출할 때 예금통화라는 돈이 새롭게 만들어진다.

예를 들어 〈도표 14〉처럼 세상에 A씨와 C씨 뿐인데 A씨는

〈도표 14〉 **신용창조**

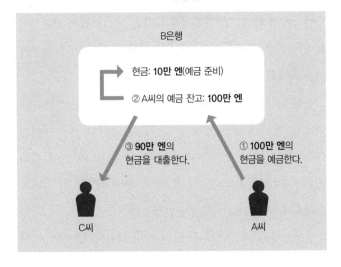

B은행

현금: **10만 엔**(예금 준비)

② A씨의 예금 잔고: **100만 엔**

③ **90만 엔**의
현금을 대출한다.

① **100만 엔**의
현금을 예금한다.

C씨

A씨

100만 엔을 갖고 있고, C씨는 애초에 땡전 한 푼 없다고 치자. 이어서 A씨가 B은행에 100만 엔을 예금한다. B은행은 그중 10만 엔을 금고에 넣어두고 나머지 90만 엔을 C씨에게 빌려주었다. 이때 세상에는 190만 엔이라는 돈이 존재하게 된다.

어째서일까? A씨는 100만 엔을 예금했다고 생각하고, C씨는 현금 90만 엔을 보유하고 있기 때문이다. 심지어 B은행은 갑자기 C씨에게 5,000만 엔을 빌려줄 수도 있다. C씨가 B은행에 보유한 계좌에 5,000만 엔이라고 적기만 하면 되기 때문이다. 이 경우 느닷없이 5,000만 엔의 예금 화폐가 생겨서 세상에 나도는 '통화량'(＝통화공급량)이 늘어난다.

기묘하다 싶을지도 모르지만 B레짐은 누군가가 은행에서

돈을 빌릴 때마다 세상의 돈은 늘어난다. 그리고 앞에서처럼 10만 엔을 금고에 넣어두는 대신 중앙은행의 당좌예금에 맡기는 것이 '부분지급준비금제도'다.

맡긴 돈을 '예금준비'라고 하며 예금 중 예금준비로서 중앙은행에 예치해두어야 하는 비율을 '법정 지급준비율'이라고 한다. 실제로 신용창조로 무제한 돈을 창조하기는 불가능하며, 법정 지급준비율의 제약을 받는다.

처음으로 돌아가서 이야기하면 B레짐은 금속화폐 레짐보다 디플레이션을 야기할 가능성이 적다. 반면에 정부 지폐와는 달리 화폐발행 이익을 정부가 직접 재원으로 활용할 수가 없으므로 인플레이션을 초래하기가 힘들다. 한마디로 근대 이전의 금속화폐 레짐과 정부 지폐 레짐의 결점을 모두 극복한다.

단, 금본위제는 여전히 통화량의 수축에 따른 불황을 초래하는 경향이 있어서 이를 탈피하려고 1930년대의 세계공황을 계기로 관리통화제도로 대체했다.

이 관리통화제도는 종전 후 각국의 경제에 인플레이션(크리핑 인플레이션▼ 또는 갤러핑 인플레이션▼▲)을 초래해 디플레이션과

▼ creeping inflation 전쟁 같은 돌발사태가 없어도 물가가 2~3퍼센트 정도의 느린 속도로 꾸준히 오르는 현상. 마일드 인플레이션mild inflation이라고도 한다.

▼▲ galloping inflation 물가가 연간 10퍼센트 내외에서 심하면 수십 퍼센트까지 급격히 상승하는 현상. 원래 의미는 '달음박질하는 인플레이션'이다.

는 무관한 듯이 보였다.

하지만 그러한 생각은 헤이세이 불황▼이 발생하면서 완전히 산산조각 났다. 일본은 1991년 이후 경기침체가 이어지다가 1997년에는 디플레이션에 빠진다. 그 후 정부는 한 번도 디플레이션에서 벗어났다고 선언하지 못했다.

2001년에는 제로 금리정책과 양적 완화정책을 도입해서 2007년과 2008년 2년 동안 중단한 적도 있긴 하지만 현재까지 계속 시행하고 있다. 2013년 4월부터는 구로다 하루히코 黑田東彦 일본은행 총재가 '차원이 다른 완화'라는 대규모 금융완화정책을 시행했으나 현재 물가상승률은 목표인 2퍼센트에 아직 도달하지 못했다.

일본 경제는 여전히 통화량의 수축에 따른 불황에서 완전히 벗어나지는 못했다. 이는 B레짐이 지탱했던 이 경제체제의 파탄에 기인한다. 다음 절에서는 B레짐의 이러한 문제점들을 상세히 살펴보겠다.

▼ **平成不況** 거품경제(1986년 12월~1991년 4월)의 뒤를 이은 1991년 5월부터 2001년까지 일본의 극심한 장기 경기침체 기간을 일컫는 이른바 '잃어버린 10년'으로 거품경제 후유증의 대표적인 예다. 1990년 주식 가격과 부동산 가격 급락으로 수많은 기업과 은행이 도산했고 10년 넘게 0퍼센트의 성장률을 기록했다.

은행 중심 화폐제도의 문제점

화폐제도의 결함은 깨닫기 어렵다

B레짐은 화폐제도인 동시에 금융제도이기도 한 기묘한 제도다. 정부가 지폐를 발행했던 송 왕조와 금 왕조의 화폐제도는 금융제도가 아니며, 막부가 화폐를 발행했던 에도 시대의 화폐제도도 금융제도는 아니다. A레짐은 금융, 즉 대출(돈놀이)과는 거의 무관한 제도다.

그런데 B레짐은 은행 중심의 제도이므로 대출 없이는 화폐가 늘어나지 않는다. 이미 말했다시피 지폐(일본은행권)를 발행하면 형식상으로는 일본은행이 빚을 낸 것이고, 정부나 기업이 빚을 내지 않으면 통화공급량은 늘어나지 않는다.

그런데도 B레짐은 현재 많은 주요 국가에서 채택하고 있으며 너무나도 당연한 듯이 존재하므로 근본적인 비판을 받은 일이 적다.

일본에서 살면 일본 사회의 기묘한 관습을 웬만해서는 깨닫지 못하듯이 이상한 제도 안에서 사는 사람들은 그 제도가 얼마나 이상한지 깨닫기 힘들다. 그러나 외국인은 금방 안다. 이를테면 머리를 갈색으로 염색하거나 파마하는 것을 금지하는 고등학교 교칙은 인종차별로도 이어질 위험이 있으며, 특히 서양인들은 대번에 괴이하다고 생각한다.

현재 지구상의 온 나라가 채택한 B레짐을 이상하게 느끼는 내가 우주인인가 싶다가도 절대 아니라고 스스로를 위로한다. 여러분도 우주인인 셈치고 이 제도의 결함에 관해 연구해보기 바란다.

내가 보는 한 이 레짐은 '불황에서 벗어나기 어려운 특성', '화폐발행 이익 분배의 불투명성', '거품을 촉진하는 특성'이라는 세 가지 결함을 갖고 있다.

불황에서 벗어나기 어려운 특성

통상적인 플러스 금리의 경제에서는 일본은행이 민간은행으로부터 국채를 매입하는 '매입조작'을 하면 금리가 하락하고 민간은행에서의 기업 대출이 증가해 통화공급량이 늘어난다.

그러나 1999년 이후 일본에서 출현한 제로 금리 경제에서는 금융완화정책을 시행해도 금리를 0퍼센트 이하로 낮출 수가 없고, 민간은행에서의 기업 대출이 증가하지 않으니 통화공급량도 늘어나지 않는다(정확하게는 통화공급량의 증가율이 상승하지 않는다).

마이너스 금리를 고려하면 얘기가 약간 복잡해지는데, 정책금리를 0퍼센트 이하로 대폭 인하할 수 없을뿐더러 기업에 대한 대출금리는 0퍼센트 미만이 되기 힘들므로 귀결은 같다. 요컨대 제로 금리 경제에서는 통상적인 금융정책의 효력이 미미하다.

반대로 재정지출이 증가하면 민간은행이 신용창조를 해서

통화공급량이 늘어난다. 지금처럼 기업이 돈을 빌리지 않는 경우 정부가 대신 돈을 빌려도 신용창조가 이루어져 통화공급량이 늘어나기 때문이다.

플러스 금리 경제에서는 금융완화정책만이 통화공급량을 늘리는데 제로 금리 경제에서는 확장적인 재정정책만이 통화공급량을 늘린다. B레짐에서는 이런 기묘한 전환이 발생한다.

그러므로 2장에서 설명했듯이 제로 금리 경제에서는 재정지출을 늘리는 동시에 금융완화정책을 시행해 국채를 흡수해야 한다. 다시 말해 헬리콥터 머니 제도를 시행해야 한다.

헬리콥터 머니 제도는 B레짐이 통상적으로 상정하지 않는 통화공급량을 늘리는 수단이고, 제로 금리는 중앙은행이 이미 경기를 통제하기가 힘들어서 목표로 세운 물가상승률의 달성에 책임을 지지 않는 사태를 의미한다. 그러한 이유에서도 B레짐으로부터의 전환이 필요하다.

거품을 촉진하는 특성

일본과 미국, 유럽 등 산업국들의 성장률이 일제히 1~3퍼센트 정도로 안정된 까닭은 경제가 정상상태steady-state이기 때문이다. 정상상태란 변화가 멈춘 상태, 혹은 변화율이 일정한 상태를 뜻한다.

이에 반해 중국과 인도가 줄곧 6퍼센트를 넘는 높은 경제성장률을 기록하는 까닭은 경제가 정상상태에 이르는 이행기(따라잡는 과정)이며 공업화, 즉 근대화의 한복판에 있기 때문이다.

지금의 자본주의를 나는 '기계화 경제'라고 부르는데, 이 경제는 '자본'과 '노동' 두 가지를 투입해야 한다.

'자본'이란 경제학에서는 기계 등의 생산설비를 의미한다. '노동'이란 일하는 사람들을 의미한다. 요컨대 인간과 기계가 협동해서 생산활동을 하는 것이 기계화 경제다.

지금의 중국과 인도처럼 이행기일 경우 자본을 급격히 늘리면 극적인 성장을 가져온다.

〈도표 15〉에서 일본의 그래프에 주목하라. 1944~1945년에 GDP가 급격히 하락한 까닭은 공습으로 자본, 즉 생산설비가 파괴되었기 때문이다. 그때부터 자본을 급속히 늘려서 연 10퍼센트가 넘는 고도 경제성장을 실현했다.

그런데 1970년 영국의 1인당 GDP를 따라잡을 무렵에는 성장 속도가 상당히 느려진다. 자본이 축적될수록 자본의 증가가 생산력을 끌어올리는 효과가 줄어들었기 때문이다. 경제학에서는 이를 '수확체감의 법칙law of diminishing returns'이라고 한다. 지금의 일본 같은 산업국의 경제는 자본이 충분히 축적되어 자본의 한계생산력marginal productivity이 매우 감소한 상태다.

단, 그러한 성숙한 국가들도 진보한 기술이 주도하는 경제성장까지 멈춘 것은 아니므로 1~3퍼센트 정도의 낮은 성장률일지언정 0퍼센트는 아니었다.

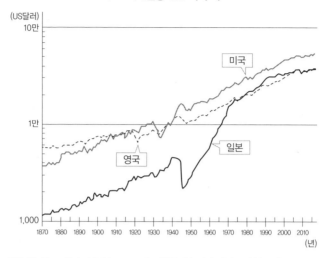

〈도표 15〉 **1인당 GDP의 추이**

출처: Maddison Project Database, version 2018. Bolt, Jutta, Robert Inklaar, Herman de Jong and Jan Luiten van Zanden (2018), "Rebasing 'Maddison': new income comparisons and the shape of long-run economic development", Maddison Project Working paper 10.

그리고 이처럼 자본이 충분히 축적된 산업국에서는 자금 수요가 줄어들어 민간은행은 신용을 창조하기가 힘들다. 특히 현재 일본의 경우 기업은 거액의 사내유보금retained earning(이익 잉여금)을 안고 있으므로 은행에서 돈을 빌릴 필요가 별로 없다.

한편 B레짐에서는 은행이 기업에 돈을 빌려주지 않으면 통화공급량, 즉 세상에 유통되는 돈의 양이 늘지 않는다. 따라서 기업이 보유한 자금이 많을수록 세상에 도는 돈의 양은 좀처럼 늘지 않는다.

이러한 구조가 배경에 있는 탓에 세계에서는 자본이 충분히 축적된 산업국을 중심으로 디플레이션이나 디스인플레이션이 일어난다. 자본이 충분히 축적되어 있다는 것은 뒤집어 생각하면 유효한 투자처가 적다는 의미다. 따라잡는 과정에서는 투자기회가 풍부해도 경제가 성숙하면 투자기회가 없는 '부유한 사회'[15]가 도래한다.

'부유한 사회'에서는 생산설비에 투자할 기회가 더 적어지므로 은행이 기업에 돈을 빌려주면 그 돈은 실물투자가 아니라 토지와 주식에 투기적으로 쏟아붓기 때문에 거품경제를 유발하는 경향이 높아진다. 거품경제의 붕괴는 급격한 신용수축으로 불황을 초래하므로 불황을 피하려면 이어달리기를 하듯이 연이어 거품이 일도록 해야 한다.

미국은 거품이 사그라지고 불경기가 될 조짐을 보이자 곧바로 금융정책을 발동해 재차 거품을 일으켜서 '거품 이어가기buble relay'를 했다. 그래서 2000년 이후 미국에서는 거품이 여러 번 발생했다.

지난 20여 년 중앙은행이 불황보다 거품경제를 경계했던 일본에서는 불황이 이어지고, 거품보다 불황을 경계했던 미국에서는 거품이 계속 이어졌다.

미국이 2007년 주택거품의 붕괴와 2008년의 리먼 사태를 거친 후에도 일본처럼 '잃어버린 20년'에 빠지지 않았던 이유는 거품을 두려워하지 않았기 때문이다.

일본도 미국도 거품 없이는 경기가 유지되기 힘든 경제구조로 전환했다. 바꿔 말하면 B레짐에서는 성숙한 경제가 거품과 불황 모두를 피하기는 어렵다.

이 레짐에서는 주로 민간은행이 화폐를 창조하며, 그 돈은 기업과 가계로 흘러간다. 따라서 금융완화정책으로 경기를 회복시키려고 해도 가계의 소비 수요가 늘어나기 전에 민간은행에서 대출받은 돈을 그 밖의 금융기관과 기업이 주식과 토지에 투기해서 거품이 발생한다.

그때의 거품은 반드시 자국의 거품만이 아니다. 2001년부터 도입된 제로 금리정책과 양적 완화정책은 일본 경제를 통화량의 수축에 따른 불황에서 헤어나지 못하게 했고, 한편 '엔 캐리 트레이드'▾(엔화로 자금을 차입해서 하는 자산거래)를 통해 계속 미국의 주택거품을 팽창시켰다.

이처럼 과도한 금융완화정책은 자국과 타국 모두에 거품을 유발할 가능성이 있다. 요컨대 B레짐은 불황에서 헤어나기 힘들므로 과도한 금융완화정책이 필요하며, 동시에 탈출에 성공하기 이전에(혹은 성공한 직후에) 거품을 유발한다.

B레짐을 폐지하고 국민이 직접 화폐를 수급하도록 해봤자 거품은 사라지지 않는다. 단, 은행 등의 금융기관이나 부유층

▾ Yen Carry Trade 국가별 금리 차를 이용해서 수익을 내는 투자행위를 '캐리 트레이드'라고 하는데 금리가 낮은 엔화를 빌려 금리가 높은 국가의 자산에 투자하는 '엔 캐리 트레이드'가 가장 대표적인 사례다.

같은 한 줌의 경제주체에 돈이 집중되면 거품이 발생하기 쉽고, 많은 사람에게 널리 퍼져 있으면 거품이 발생하기 힘들다고 할 수는 있다.

케인스는 『평화의 경제적 결과』라는 책에서 이렇게 말했다.

실제로 부의 엄청난 축적을 가능하게 만든 것은 바로 부의 분배의 불평등이었으며, 그 시대가 다른 모든 시대와 뚜렷이 구별되도록 만든 것은 바로 자본의 활용이었다. 사실 자본주의 체제의 정당성은 바로 여기에 있다. 전쟁 전 반세기 동안에 엄청난 규모로 이루어진 고정자본의 축적은 부가 평등하게 분배되는 사회였다면 절대로 불가능했을 것이다. 그 시대에 번영을 위해 건설된 세계의 철도는 즉각적인 쾌락을 추구하지 않고 땀 흘려 일한 노동의 결실로서 이집트의 피라미드에 견줘도 결코 손색이 없다.[16]

부유층은 일반적으로 빈곤층보다 저축률이 높은 편이므로 부유층에 편재한 부는 거시적인 총 저축액(=총 투자액)을 증가시켜서 급속한 자본축적을 가능하게 한다. 이러한 부의 편재는 근대화 과정에서는 불가결한 원동력이지만 성숙한 경제에서는 역효과를 가져온다.

투자를 유리하게 하고 소비를 불리하게 하는 이 부의 편재는 투자기회가 없는 이 시대에는 불황과 거품의 원동력이다.

반대로 두루 박하게 돈을 뿌리면 소비라는 실수요를 살아나게 해서 돌고 돌아 투자의 실수요도 늘릴 수 있다.

화폐발행 이익 분배의 불투명성

화폐를 주로 창조하는 경제주체는 누굴까? 그것은 일본은행 같은 중앙은행이 아니라 역 앞의 여기저기에 있는 민간은행이다. 그러므로 실은 화폐발행 이익의 대부분은 국민에게 환원되지 않는다.

　민간은행은 기업과 개인에게 대출할 때 예금이라는 화폐를 창조한다. 은행은 신용창조를 통해 무에서 예금화폐를 창조함으로써 얻은 화폐발행 이익을 기초로 영업이익을 획득한다. 중세 유럽의 영주처럼 돈을 창조할 특권을 주었기 때문에 민간은행은 화폐발행 이익을 누릴 수 있다.

　화폐제도 개혁을 제안한 조지프 후버▼와 제임스 로버트슨▼▲은 이러한 특권을 시중은행에 대한 '숨은 보조금'이라고 부른다. 국가가 민간은행만 화폐발행 이익이라는 단물을 빨아먹

▼ **Joseph Huber**　1948~. 독일 마틴루터대학의 경제·환경사회학 주임이며 연구 주제는 산업생태학과 화폐정책이다. 1970년대부터 1980년대에 대안운동을 펼쳐서 시민에 의한 그린은행green bank과 윤리적 투자를 창시한 '독일 자립 네트워크'의 공동창립자다. 최근에는 국제 녹색산업네트워크, 환경은행, 베를린 도시포럼 이사회에서 활동하고 있다.

▼▲ **James Robertson**　1928~. 대안적인 미래 만들기와 경제·사회 변혁운동의 강사와 고문을 역임했으며, 뉴이코노믹스협회의 공동창립자다. 만년에는 영국의 은행을 대상으로 한 조사기관을 설립·운영하며 정부, 공무원, 의회, 그리고 금융센터로서의 런던의 미래에 관한 조사에 종사하고 있다.

을 권리를 주었다는 의미다.

민간은행에서 기업에 자금을 빌려주고 기업이 재화를 생산하면 그 매출의 일부는 임금과 주식배당의 형태로 가계로 넘어간다. 행여 예금이 있는 가계라면 그 이자를 얻을 것이다.

따라서 가계에도 화폐발행 이익의 국물은 돌아온다. 그러나 화폐발행 이익을 분배하는 방법은 불투명하고 불확실해서 부당하다고 하지 않을 수 없다.

지금 일본 정부에는 1,100조 엔의 빚이 있다고 한다. 그 가운데 60퍼센트가량은 은행에서 빌린 돈이며, 신용창조로 만든 돈이다. 정부가 스스로 지폐를 발행해서 충당했더라면 그만큼의 빚은 생기지 않았을 것이다.

무에서 돈을 만들어낸다는 의미에서는 정부가 지폐를 발행하는 방법과 은행이 신용을 창조하는 방법은 같을 것이다. 그러나 정부가 스스로 돈을 만드는 권한을 포기한 탓에 굳이 은행에서 빚을 내 이제껏 막대한 이자를 물어야만 했다.

이런 어처구니없는 일이 달리 또 있을까. 은행이 공짜로 돈을 벌게 해주는 이자를 충당하려고 세금을 올리다니 국민을 봉으로 아는 걸까?

더욱이 민간은행이 보유했던 국채의 상당 부분은 일본은행이 매입해서 보유하고 있다. 현재 국채의 보유비율은 민간은행이 20퍼센트, 일본은행이 42퍼센트다. 그만큼 민간은행에 내는 이자는 줄었다고 할 수 있으며, 일본은행이 보유한 국채는 정부 지폐를 발행한 것과 같다.

그러나 민간은행은 공적 기관인 정부로부터 국채를 사서 공적 기관인 일본은행에 국채를 팔기만 하면 거저 돈을 벌므로 그래도 역시 부당하다.

중앙은행이 정부와 분리되어 존재하는 근대의 기묘한 화폐제도 덕분에 민간은행은 국채를 우에서 좌로 움직이기만 하면 저절로 돈이 굴러들어온다.

게다가 우리가 집을 담보로 은행에서 돈을 융자받는 주택담보대출은 부분적으로는 권리상 공짜로 받는 돈이다. 지금의 경제에서는 법정 지급준비율은 낮고(약 1퍼센트 이하), 은행은 신용을 대폭 창조할 수 있으므로 그만큼 우리가 받는 화폐발행 이익은 줄어든다.

반대로 은행의 신용창조를 억제하면 할수록 국민은 더 많은 화폐발행 이익을 얻는다. 민간은행의 신용창조를 금지하는 동시에 중앙은행이 발행한 돈을 국민이 직접 수급하면 은행이 융자하는 돈의 상당 부분을 국민은 공짜로 손에 넣을 수 있다.

본래 받아야 할 돈을 받는 대신 은행에서 돈을 빌리는 것도 모자라서 이자까지 내다니. 너무나도 어리숙한 나 자신에게 슬슬 질릴 때가 되지 않았는가.

아직 이 건에 관해 은행가를 규탄해야 한다고는 절대 생각지 않는다. 은행가 본인이 이러한 사실을 알고 짠 계략도 아니

고, 제도가 허용하는 범위 내에서 최대한 이익을 챙기고 싶은
것은 인지상정이다. 남을 규탄하는 일에 노력을 허비하기보
다는 제도를 개선하기 위한 노력을 하자.

모든 화폐발행 이익을 국민에게 환원하려면 민간은행의 신
용창조를 폐지해야 한다. 마침 더글러스는 민간은행의 신용
창조를 폐지하고 모든 화폐발행 이익을 국민에게 배당하자고
제안했다. 모든 국민은 화폐발행 이익을 누릴 권리가 있으며
그 공정한 분배는 국가의 신성한 의무다. 국민의 것은 국민에
게, 신의 것은 신에게 바쳐야 한다.

국민 중심의 화폐제도로

화폐 흐름의 역습

화폐발행 이익의 직접적인 향유는 국민의 정당한 권리라는
사실에 그치지 않는다. 지금 일본이 처한 경제문제를 해결하
기 위한 과제이기도 하다. 거의 모든 화폐를 민간은행이 만드
는 현재 상태에서는 그만큼 중앙은행은 화폐량을 조절하기가
힘들다. 거품과 인플레이션, 통화량의 수축에 따른 불황을 피
하기가 힘들기 때문이다.

반대로 중앙은행에 의해 화폐창조를 일원화하면 이러한 경
제문제는 훨씬 간단히 해결된다. 나아가서는 국민에게 배당

하는 화폐발행 이익은 빈곤문제를 경감시킨다. 가난하게 사는 국민은 이러한 배당을 받을수록 가난에서 빨리 벗어날 수 있다.

그리고 미래에 출현할 화폐제도를 나는 '국민 중심의 화폐제도Citizen-centered Monetary Regime'(C레짐)라고 부른다.

C레짐에서는 중앙은행만이 돈을 창조하고, 그 돈은 정부가 국민에게 기본소득으로서 지급하므로 국민은 모든 화폐발행 이익을 직접 누릴 수 있다[〈도표 13〉(89쪽) 참조].

이 레짐을 실현하면 화폐의 흐름은 완전히 역전한다.

즉 기존의 '중앙은행→민간은행→기업→가계'라는 흐름이 아니라 '중앙은행→가계→민간은행→기업'이라는 흐름이 생긴다.

가계가 민간은행의 위치를 대신하는 점이 중요한데 B레짐에서는 화폐발행 이익을 가장 확실히 누리는 경제주체는 은행이지만 C레짐에서는 가계, 다시 말해 국민이다.

화폐창조의 집권화

C레짐은 중앙은행에만 화폐를 창조하는 권한이 있으므로 이른바 '화폐창조의 집권화'로 나아간다. 그러나 현실은 오히려 은행 이외의 경제주체가 가상통화와 지역통화를 발행하는 '화폐창조의 분권화'로 가고 있다.

이는 오스트리아의 경제학자 프리드리히 하이에크의 『화폐

발행 자유화론*The denationalization of money*』에 따른 움직임
이다. '화폐의 민영화론'이라고도 번역되는 이 책에서는 공적
기관에 의한 화폐발행을 폐지하고 다양한 민간 경제주체가
저마다 자유로이 화폐를 발행할 수 있도록 해야 한다고 제안
한다.

　그러한 방향으로 분권화해도 다양한 기업과 조직, 개인이
화폐발행 이익을 누리므로 '국민 중심의 화폐제도'라고 할 수
도 있다. 그러나 '집권화'는 소득의 평등을 지향하는 반면에
'분권화'는 비트코인의 매매로 막대한 자산을 모은 사람이 나
타나는 현실을 봤을 때 격차를 조장할 가능성이 있다.

　따라서 내가 바람직하게 여기는 방향은 '화폐창조의 집권
화'다. 구소련 같은 사회주의 국가의 생산활동을 집권화하려
는 시도는 실패로 끝났다. 생산활동은 본래 각각의 민간 경제
주체의 독립적이고 자율적인 의사결정을 바탕으로 해야 하는
데 그것을 막아버렸기 때문에 성공하지 못한 것이다.

　그럼 화폐창조 또한 민간 경제주체가 자유로이 하도록 해
야 할까? 상품개발과는 딴판으로 화폐창조에는 창의성이 별
로 필요 없다. 따라서 그러한 일을 민간에 맡기는 이점은 거의
없다. 국가가 강제적인 통용력을 부여한 '엔'과 '달러' 같은 '법
정통화'는 적어도 국가가 스스로 책임지고 조절해야 한다.

　내가 제안하는 C레짐은 신용창조를 금지하고 헬리콥터 머
니를 화폐정책의 주축으로 해서 순수하게 헬리콥터 머니만으

로 화폐정책을 실행하는 것이다.

하지만 중국의 송 왕조나 금 왕조의 지폐, 프랑스 혁명정부가 발행한 아시냐ˇ 지폐의 실패를 통해 알 수 있듯이 정부 지폐는 초인플레이션이 발생할 공산이 높다.

현재 이미 실시하고 있는 간접적 재정적자 화폐화는 제로 금리의 경제와 플러스 금리의 경제에서 효과가 다를뿐더러 민간은행에 부당한 이익을 준다.

이미 언급했듯이 직접적 재정적자 화폐화(중앙은행에 의한 국채의 직접 인수)는 1930년대 일본에서 방대한 군사비 확충을 초래했다. 그러나 이는 1936년에 대장성 장관 다카하시 고레키요가 암살당하고 문민통제civilian control(정치가에 의한 군의 통제)가 힘을 상실한 뒤의 일이다.

물론 인기를 얻으려고 화폐발행 이익을 활용하는 정치가가 등장할 수도 있지만 그런 활용을 금지하는 규칙을 마련하면 되지 않을까?

요컨대 앞에서도 설명했듯이 정부의 국채와 직접 교환되는 중앙은행이 발행한 화폐를 정부는 일반적인 재정지출에 쓸 수 없으며 그대로 가계에 변동 기본소득으로서 지급해야 한다는 규칙이다.

ˇ **assignat** 프랑스 혁명기에 국가 재정위기를 타개하기 위해 국유재산을 담보로 1789년부터 혁명정부가 발행한 일종의 토지채권.

국채를 얼마나 매입해서 지급할지는 중앙은행이 결정한다. 덧붙여서 말하면 목표 물가상승률 2퍼센트나 3퍼센트라는 물가안정 목표제Inflation Targeting를 도입하면 초인플레이션이 일어날 우려는 거의 없을 것이다.

100퍼센트 지급준비제도

'100퍼센트 지급준비제도'(100퍼센트 완전지급준비제도)는 미국의 경제학자 어빙 피셔▼가 1935년에 제안한 화폐제도 개혁안이다. 이 제안은 헨리 사이먼스▼▲와 밀턴 프리드먼 등의 시카고대학을 아성으로 하는 경제학자 집단이 지지했으므로 '시카고 플랜Chicago plan'이라고 불렸다.

▼ **Irving Fisher**   1867~1947, 미국의 경제학자, 통계학자이자 예일대학 교수로 계량경제학의 창시자 중 한 명이다. 계량경제학회 초대 회장을 역임했으며, 경제 분석에 수학적 기법을 도입한 근대경제 이론의 개척자로서, 특히 화폐 이론에 뛰어난 업적을 남겼고, 물가문제의 분석과 대책에 관해 실천적인 공헌을 했다. 1930년대 대공황 시절에는 뉴딜정책의 입안에도 관여했다. 주요 저서로 『화폐 착각―돈의 마술에 넘어가도록 만드는 편향』, 『화폐의 구매력The Purchasing Power of Money』, 『이자론The Theory of Interest』, 『가치와 가격 이론의 수학적 연구 Mathematical Investigations in the Theory of Value and Prices』 등이 있다.

▼▲ **Henry Calvert Simons**   1899~1946, 미국의 경제학자이자 시카고대학 교수로 전문분야는 경제학, 금융론이다. 소득의 정의로 유명한 헤이그―사이먼스의 포괄적 소득세 이론 comprehensive income tax은 현대 미국의 세금체계에 지대한 영향을 주었다. 대공황 때 『자유방임주의를 위한 실제적 프로그램A Positive Program for Laissez Faire』을 출간해 과점寡占하는 대기업의 해체와 노동조합에 대한 반트러스트법antitrust laws(자유경쟁을 저해하는 독점이나 거래 제한 등을 금지 또는 제한하는 법률)의 적용을 포함한 모든 독점적 시장 형태를 배제하라고 주장했다. 주요 저서로 『통화정책에서 법규 대 정부당국Rules Versus Authorities in Monetary Policy』, 『개인소득세: 재정정책 문제로서의 소득의 정의Personal Income Taxation: The definition of income as a problem of fiscal policy』, 『돈, 관세, 평화Money, Tariffs and the Peace』, 『부채정책과 금융산업정책Debt Policy and Banking Policy』 등이 있다.

신용창조를 금지하라는 말은 '부분지급준비제도'를 폐지하고 '100퍼센트 지급준비제도'를 도입하라는 의미다. '부분지급준비제도'는 예금 일부를 지급준비금으로 보유하는 제도다.

부분지급준비제도에서의 법정준비율은 1퍼센트나 5퍼센트고, 100퍼센트 지급준비제도에서의 법정준비율은 100퍼센트다. 앞으로 경기가 과열할 때마다 법정준비율을 인상해 서서히 100퍼센트에 접근하도록 해야 한다.

100퍼센트 지급준비제도의 실현은 또한 '예치'인 동시에 '대부'이기도 한 이중성을 예금으로부터 박탈하는 것을 의미한다. 다음의 〈도표 16〉과 같이 '예치'와 '대부'를 엄격히 구별해야 하므로 은행에 예치한 돈은 모조리 중앙은행에 예금지급준비금으로서 모인다.

100퍼센트 지급준비제도에서는 개인이 은행에 예금한 돈은 철저히 예금일 뿐이므로 은행은 예금된 액수만큼의 돈을 전액 보유해야만 한다.

은행은 이 돈을 기업에 대출해서 이익을 얻을 수 없으므로 예금자에게 이자를 지불할 수 없다. 위험을 피하고 싶으면 낮은 이자를 감수해야 하는 것이 금융의 원칙이며 위험이 없는 예금이 무이자여도 기묘한 일은 아니다. 무이자는커녕 은행이 오히려 보관료를 요구할 것이다. 그러나 그것은 은행의 정당한 권리이므로 금고를 사는 것보다 저렴한 보관료라면 내야 한다.

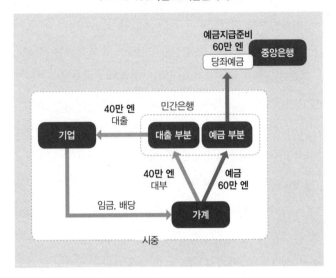

〈도표 16〉 100퍼센트 지급준비제도

한편 100퍼센트 지급준비제도에서 개인이 대출하는 돈은 끝까지 대출일 뿐이며, 원금을 보장받지 못하므로 가치가 통째로 사라질 가능성도 있다. 그러나 채권은 본래 위험자산risky asset이며, 위험이 있는 까닭에 높은 이자를 문다.

지금까지의 '예금'은 위험이 적고 유동성(언제든 상품과 교환할 수 있는 돈의 성질)이 있어서 이자가 붙는 금융원칙에 반하는 기괴한 상품이었다. 이는 '위험이 없는' 부분을 페이오프▼로 정

▼ pay-off   파산하거나 파산선고를 받은 금융기관의 예금자에게 예금보험기구가 전액이 아닌 일정액만을 돌려주는 제도.

부가 지원해준 덕분이다. 그러나 이 제도를 도입하면 사람들이 위험 없이 불로소득을 얻도록 국가가 도와주는 일도 없을 것이다. 그래도 이러한 '예금'이라는 단물만 빨아먹는 도구를 놓치고 싶지 않은 사람들은 그 도구를 포기할 만한 이점이 있는지 의문을 가질 것이다.

예금계좌를 단순한 금고 같은 역할로 격하시켜서 100퍼센트 지급준비제도를 도입하는 가장 큰 이점은 이미 설명했듯이 그 액수만큼 더 많은 화폐발행 이익을 국민에게 배당할 수 있다는 것이다. 이어서 경기변동의 파동이 완만해진다는 이점을 생각할 수 있다. 원래 100퍼센트 지급준비제도를 도입하자고 주장한 까닭은 부분지급준비제도에서는 민간은행의 신용창조로 통화공급량이 변동해서 경제가 불안정해지기 때문이다.

미국에서는 리먼 사태 이후 이 '시카고 플랜'을 포함한 화폐제도 개혁에 관한 논의가 다시 불붙었고, 헬리콥터 머니를 제창한 아데어 터너도 시카고 플랜에 관해 논했다.

신용창조가 경제안정에 미치는 파괴적인 피해에 관해서는 일본인도 이미 생생히 목격했다. 1980년대 후반 신용창조로 탄생한 화폐를 실물투자가 아닌 토지투기와 주식투자에 쏟아붓는 바람에 거품경제가 발생한 것이다.

거품경제기에는 〈도표 17〉처럼 '통화공급량'(예금 + 현금)과 '본원통화'(예금지급준비 + 현금)˘의 증가율은 모두 10퍼센트를

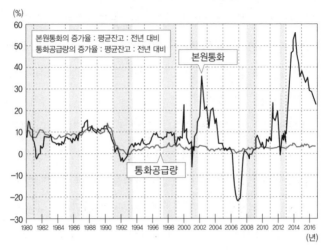

〈도표 17〉 **통화공급량과 본원통화의 증가율**

본원통화의 증가율 : 평균잔고 : 전년 대비
통화공급량의 증가율 : 평균잔고 : 전년 대비

본원통화

통화공급량

출처: 일본은행 홈페이지

넘었다. 일본은행이 본원통화를 적절히 축소하면 거품을 방지했을 가능성은 있지만 어쨌든 거품은 발생했다.

이어서 거품이 붕괴한 1990년 이후 은행에서 돈을 빌린 기업이 토지투기와 주식투자에서 일제히 손을 떼고 부지런히 돈을 갚아나가서 1992년경에는 통화공급량과 본원통화의 증가율이 모두 0퍼센트로 떨어졌다.

▼ **monetary base** 중앙은행인 한국은행이 지폐와 동전 등 화폐발행의 독점적 권한을 통해 공급한 통화를 말하며, 화폐발행액과 예금은행이 중앙은행에 예치한 지급준비예치금의 합계로 측정된다. 본원통화는 모든 통화 공급의 기초가 되며, 통화관리정책 수행에 중요한 지표로 활용된다.

은행에서 대출하는 돈은 신용을 창조하지만 빚을 갚으면 정반대의 일이 일어난다. 말하자면 아무것도 없는 상태에서 생긴 돈이 아무것도 없는 상태로 되돌아가는 것이다. 그렇게 통화공급량과 본원통화가 급속히 축소해서 이른바 '잃어버린 20년'이라는 장기 불황이 시작되었다.

거품경제가 붕괴하는 과정에서도 일본은행이 본원통화를 늘리려고 금리를 재빨리 인하하면 이후의 장기 불황은 막았을지도 모른다. 혹은 그만큼 일찍 금리는 0퍼센트에 도달했을 수도 있다.

어쨌거나 거품이 발생한 뒤 30년간 일본인은 신용창조에 휘둘려서 적잖은 사람들이 일자리를 잃었고, 가정이 파괴되었으며, 자살로 내몰렸다. 이러한 일을 생각하면 신용창조는 모든 악의 근원이라고 해도 무방하다.

100퍼센트 지급준비제도를 도입할 경우 통화공급량은 본원통화와 같아지므로 직접 정책당국이 통화공급량을 조절해 모든 악의 근원을 제거할 수 있다.

4장

AI 시대에 왜
기본소득이
필요한가?

일하라. 프롤레타리아여, 일하라.
사회의 부와 그대들의 개인적 번영을 위해 일하라.
더 가난해져서 일해야만 할 이유가 더 많아지도록.
그래서 더 비참해지도록 일하라.
자본주의 생산의 가차 없는 법칙이라는 것이 바로 이런 것이다.[17]

— 폴 라파르그Paul Lafargue, 『게으를 권리』

"빨리 뺏어라, 일하기 싫어"

—인터넷 게시판 2채널의 'AI에 일자리를 빼앗기다'에 적힌 댓글

AI는 일자리를 빼앗는가? 격차를 확대하는가?

제1차 산업혁명기의 기술적 실업

최근 인공지능AI이 일자리를 빼앗을지의 여부에 관한 논의가
활발하다. 역사적으로는 AI만이 아니라 새로운 기술은 종종
인간으로부터 일자리를 빼앗으며, 그러한 실업을 경제학에서
는 '기술적 실업technological unemployment'이라고 부른다.

기술적 실업은 자본주의가 시작되고 머잖아 발생했다. 실
제로 제1차 산업혁명 때는 직물을 짜는 자동기계인 '방직기'
가 기술자인 '직공'의 일을 빼앗았다.

일자리를 잃을까봐 두려웠던 직공은 1810년대(1811~1817년)
에 '러다이트운동Luddite Movement'이라는 기계파괴운동을 벌
였다. 그러나 기술적 실업은 결국 일시적이고 국소적인 문제에
지나지 않았다.

기계 덕에 방적·방직의 노동력이 절감된 만큼 무명을 저렴
하게 공급할 수 있었고, 이에 따라 속옷을 입는 습관이 확산하
는 등 무명의 소비 수요가 증가한 결과, 공장노동자의 수요는
오히려 더 늘어났다. 직공 자신은 평생 일자리가 없었던 경우
도 있었으나 그 자식들은 공장노동자로서 일할 수 있었다. 그

리고 증기기관은 방직기뿐만 아니라 기관차의 동력으로도 이용되어 철도원과 철도기사 같은 새로운 일자리를 창출했고, 직공의 자녀들이 취직하기도 했다.

이러한 예를 통해서도 알 수 있듯이 새로운 기계의 도입으로 생산의 효율성이 높아지고 노동이 절약된다고 해서 역사상 장기적으로 경제 전체에서 실업률이 높아진 적은 없었다.

끊임없는 기술진보가 장기적으로 실업률을 높일 가능성에 관해서는 많은 경제학자가 '노동 총량의 오류lump of labour fallacy'라며 부정한다. 'fallacy'란 '덩어리'라는 의미다.

노동 총량은 '세상에서 필요로 하는 노동력은 일정한 덩어리이며 생산의 효율성이 높아지면 그만큼 노동자는 불필요해서 실업이 증가한다'라는 주장인데, 경제학에서는 이를 틀렸다고 본다. 생산의 효율성이 높아지면 상품의 가격이 싸져서 그 상품의 수요가 많아지거나 새로운 상품이 탄생해서 그 상품을 만들기 위한 새로운 고용이 창출되기 때문이다.

하지만 이 말이 곧 새로운 기술은 일자리를 빼앗지 않는다는 의미는 아니므로 주의가 필요하다. 간혹 그 부분을 착각한 AI에 관한 기사를 발견한다. 혁신은 이제껏 실업률의 장기적 상승을 초래하지는 않았지만 언제나 일자리를 빼앗아왔다. 따라서 과거의 역사를 돌이켜보건대 AI가 일자리를 빼앗지 않는다고 할 수는 없다.

기술적 실업과 노동이동

기술적 실업은 역사상 너무 많아서 일일이 셀 수가 없을 만큼 되풀이된다. 가령 20세기 초까지 유럽과 미국에서는 마차가 주된 교통수단이었는데 자동차의 보급으로 마차와 함께 마차를 모는 마부라는 직업이 단번에 사라졌다.

'컴퓨터'는 예전에 기계가 아니라 계산을 전문으로 하는 사람의 직업명이었다. 일본어로는 '게이산슈計算手'라는 이 직업도 전자식 탁상계산기나 기계컴퓨터가 보급되면서 사라지고 말았다.

2020년에 일본에서는 거의 확실히 사라질 직업도 있다. 2020년이라고 해도 도쿄 올림픽이나 장애인 올림픽과는 관계가 없다. 바로 전기계량기를 보고 사용량을 검침해서 전력회사에 보고하는 '검침원'이라는 직업이다.

2020년에는 '스마트 미터smart meter'라는 기계가 거의 모든 가정에 보급되어 자동으로 전기사용량을 전력회사에 송신하므로 검침원이 각 가정의 계량기를 확인하러 돌아다닐 필요가 없다. 단, 가스 '스마트 미터화'는 좀더 시간이 걸리므로 가스 검침원은 2020년 이후에도 여전히 남아 있을 것이다. 전기 검침에 종사하는 사람들은 2020년에 해고하겠다는 통보를 이미 받았다. 그러나 그들 대부분은 실업자 신세로 지내는 것이 아니라 다른 직업으로 바꿀 것이다.

기술적 실업은 '노동이동'으로 해소될 수 있다. '노동이동'이란 경제학 용어로 어떤 업종에서 다른 업종으로, 혹은 어떤 기업에서 다른 기업으로 노동자가 이동하는 것이다.

그런데 그렇게 이동해서 만사가 해결되느냐면 그렇지도 않다. 아무리 일시적인 실업이라도 고통이 따를 수밖에 없는 또 다른 큰 문제가 있다.

미국에서는 사무노동이 감소하고 있다

미국의 경제학자 에릭 브린욜프슨과 앤드루 맥아피의 『기계와의 경쟁―진화하는 기술, 사라지는 일자리, 인간의 미래는?』은 AI가 사람들의 일자리를 빼앗느냐 마느냐의 논쟁에 불을 지핀 책으로 2011년에 미국에서 출판되었다. 〈도표 18〉은 이 책의 진수를 한 장의 그림으로 정리한 것이다.

우선 직업을 '육체노동'과 '사무노동', '정신노동' 세 가지로 단순화해서 생각해보자.

저소득층은 주로 '육체노동'에, 중위소득층은 '사무노동', 고소득층은 '정신노동'에 종사한다. 그림의 세로축은 각 직종의 고용량이다.

현재 미국에서는 원래 많았던 사무노동의 고용량이 AI를 포함한 IT로 말미암아 급속히 감소하고 있다. 구체적으로는 콜센터와 여행대리점의 직원, 경리 담당자 등이다.

이렇게 기술적으로 일자리를 잃은 그들이 정신노동으로 이동하면 소득이 증대할 테니 오죽이나 좋을까. 하지만 정신노

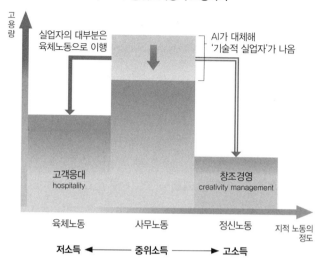

〈도표 18〉 **중위소득층의 고용파괴**

고용량

실업자의 대부분은
육체노동으로 이행

AI가 대체해
'기술적 실업자'가 나옴

고객응대
hospitality

창조경영
creativity management

육체노동   사무노동   정신노동   지적 노동의
정도

저소득 ◄——— 중위소득 ———► 고소득

동은 고도의 기술이 요구되며 애초에 고용량이 그렇게 방대
하지도 않기 때문에 십중팔구 육체노동으로 이동한다. 일본
과 마찬가지로 미국에서도 간병인이나 청소원 같은 육체노동
의 수요는 높다.

'설사 기존의 일자리를 빼앗을지언정 AI는 새로운 일자리
를 창출할 것이다'라는 주장은 지금은 인공지능의 보급에 따
른 기술적 실업을 논할 때면 으레 등장하는 상투적인 말이다.
분명 AI의 보급은 AI의 개발자만이 아니라 AI 도입 컨설턴트,
AI를 교육하는 직원 같은 일자리를 창출할 것이다.

그런데 AI를 포함한 모든 IT 업종에 해당하는 말이지만 IT

덕에 늘어나는 일자리보다 더 많은 일자리를 끊임없이 IT에 빼앗긴다. 이를테면 여행사이트의 구축과 운영에 종사하는 인원은 여행대리점의 직원보다도 적을 것이다.

그렇지 않으면 여행사이트가 여행대리점보다도 비용이 훨씬 더 들 테지만 실제로는 여행사이트가 더 저렴하게 서비스를 제공한다.

물론 싸거나 편리하면 수요가 늘어나고 일자리도 늘어날 가능성은 있다. 하지만 여행사이트의 보급으로 여행자가 월등한 차이로 늘어나거나 아마존Amazon 같은 인터넷서점의 보급으로 서적의 매출이 월등히 늘어나지는 않는다. 반면에 필요한 인원은 엄청나게 줄어들기 때문에 전체적으로 고용은 감소하기 마련이다.

트럼프 대통령과 그 지지자들의 적

실제로 IT에 일자리를 빼앗긴 사람들의 상당수가 시스템엔지니어나 웹디자이너가 되지는 않는다. 오히려 IT와는 무관한 병시중이나 청소 같은 오래된 육체노동에 종사한다.

여기서 문제는 중위소득층이었던 사람들이 저소득층으로 옮겨가서 저임금 노동자가 된다는 점이다.

실제로 〈도표 19〉처럼 미국에서는 소득의 중앙값median이 금세기에 접어든 이후부터 바닥에서 맴돌고 있다. 소득의 중앙값이란 99명의 사람이 있으면 그들을 소득 순으로 나열해

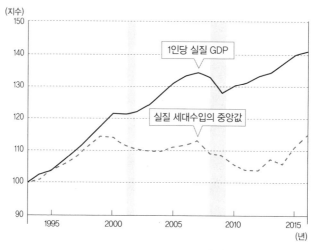

〈도표 19〉 **거대한 탈동조화**Great Decoupling
1993년을 100으로 했을 때 '1인당 실질 GDP'와 '실질 세대수입의 중앙값'의 추이

출처: 센트루이스 연방준비은행

서 50번째인 사람의 소득을 말한다. 따라서 이 말은 곧 일반적인 노동자의 소득은 증가하지 않는다는 뜻이다.

그런데도 소득의 평균치는 상승하고 있다. 일부의 어마어마한 갑부가 더욱 돈을 벌어서 평균치를 끌어올리고 있기 때문이다. 당연히 빌 게이츠 같은 사람이 얼마를 벌건 일반 노동자의 호주머니 사정은 나아지지 않으므로 중앙값은 올라가지 않는다.

약간 과장해서 표현하면 지금 미국에서는 중산층이 붕괴 위기에 직면했으며 그것이 트럼프 대통령의 탄생 배경이다.

트럼프 대통령과 그의 지지자들은 이민이 국민의 일자리를 빼앗고 있다고 주장했다. 하지만 경제학적인 분석 결과에 따르면 이민이 미국 자국민의 일자리를 빼앗는 일은 드물다. 그들은 착각하고 있다. 그들의 진짜 적은 이민이 아니라 AI다. AI를 포함한 IT가 사람들의 일자리를 빼앗고, 일반 노동자를 가난하게 만들고 있다.

지금 AI의 연장선상인 기술조차도 불가피하게 일시적인 실업자의 증가와 격차의 확대, 가난한 사람들의 증가를 초래한다. 그런 불안한 생활에 직면한 사람들을 중심으로 기본소득을 기다리는 목소리는 해마다 높아질 것이다.

고용의 미래

역시 사무노동은 감소한다

일본에서도 그러한 사태가 미국보다 완만하긴 하지만 앞으로 서서히 진행될 것이다. 일본에서는 종신고용제 기업이 많아서 현재 IT에 따른 실업이 두드러지지는 않는다.

애초에 종신고용제의 존재 자체가 IT의 도입을 지연시키고 있다. 어차피 해고할 수 없다면 IT를 도입하기보다 사람을 계속 쓰는 편이 싸게 먹히기 때문이다. 게다가 일본의 경영자가 비교적 고령인 점도 IT 도입을 지연시키는 요인이다.

그런 일본에서도 사무직은 이미 감소하는 추세여서 일손이 남아돈다. 2017년 유효구인배율의 전 업종 평균이 1.5배인데 일반사무직은 0.35배다. 유효구인배율이란 노동자 한 명을 얼마만큼의 기업이 채용하려고 하는지를 나타내는 지표다.

간단히 말해 유효구인배율이 1배를 넘으면 노동자의 수 이상으로 고용할 일자리가 있으므로 기본적으로는 모든 사람이 취직할 수 있다는 뜻이다. 반면에 유효구인배율이 0.35배라는 것은 세 명이 지원하면 한 명 정도밖에 채용되지 않는 상황을 의미한다. 사람들은 대개 냉방이 잘 되는 방에 앉아서 일하기를 바란다. 하지만 그러한 인기직업인 사무직이야말로 IT화하기 쉬워서 앞으로 점점 채용하는 곳이 줄어든다.

사무직이 특히 IT화에 직면한 이유가 있다. 이러한 직종에서는 '실공간'이 아니라 '정보공간'에서의 작업이 중심이기 때문이다.

'실공간'이란 물체를 운반하거나 움직이거나 조작하는 현장을 나타낸다. '정보공간'은 여기서는 기호記號의 조작과 정보처리만 이루어지는 현장을 나타내며, 반드시 '디지털공간'이라는 의미는 아니다. 단, 정보공간의 작업은 디지털화, 즉 IT화하기가 쉽다.

사무직원은 기본적으로는 물체를 나르거나 만드는 것이 아니라 장부 또는 서류를 작성하거나 확인하고, 기호나 정보를 상대로 한다. 육체노동은 실공간에서 하는 작업이지만 사무노동은 일반적으로 정보공간에서 끝내므로 IT나 AI로 교체하기가 쉽다.

실공간의 노동을 자동화하려면 소프트웨어와 하드웨어가 모두 필요하다. AI라는 두뇌 부분만이 아니라 동작하는 장치 부분도 만들어야 한다. 자동운전 차량으로 말하면 차량을 제어하는 AI 부분만 만들면 개발이 끝나는 것이 아니라 당연히 차체와 외부환경을 파악하기 위한 센서도 개발해야 한다. 따라서 연구 개발에는 두 단계가 필요하며 오랜 시간을 요한다.

트럭 운송업에 종사하는 사람들에게 강연한 뒤 토론을 한 적이 있는데, 그들은 '아무튼 트럭운전사가 부족하니 하루빨리 자동운전 트럭을 실용화해달라'라고 비통하게 절규했다.

그런데 완전한 자동운전 차량은 2020년대 전반, 자동운전 트럭은 아마 2025년 정도에나 출시될 테고, 어느 정도 보급되려면 2030년 정도까지는 기다려야 한다. 결국은 2030년까지 트럭운전사의 일손 부족은 해소되지 않는 것이다.

이러한 건설업·요식업·운송업처럼 실공간을 상대로 하는 업종, 다시 말해 육체노동이 필요한 업종은 고된 작업에 비해 임금이 낮으므로 일손 부족이 심각하지만 이러한 업종이야말로 기계에 의한 노동 절약은 진전이 더디다.

지금의 일본은 계속 일손이 부족한 상태고, AI는 부족한 일손을 보충하는 역할을 하므로 실업을 초래하지는 않으리라고 낙관하기 쉬우나 그리 단순하지만은 않다.

일손이 부족한 직종이나 업종에서는 IT화의 진전이 늦어서 좀처럼 일손 부족이 해소되지 않는다. 한편 일손이 남아도는 직종이나 업종은 IT화로 실업이 발생한다. 다시 말해 전체적으로 들쭉날쭉하다. 노동시장의 추이는 2030년경까지 이렇게 들쭉날쭉한 상태일 것이다.

은행업은 대량실업 시대를 맞이한다

앞으로 심각한 기술적 실업문제가 발생하는 직종은 사무직이지만 업종으로 말하면 금융업, 특히 은행업이다.

예를 들어 미즈호은행은 2017년 11월에 향후 10년간 은행원의 30퍼센트에 해당하는 1만 9,000명을 감원하는 계획을 발표했다. 신규 채용을 억제하는 형태로 자연스럽게 감원하겠다고 말은 하지만 실제로는 해고에 가까울 것이다.

기술적 실업의 실제 사례로서 지금도 아마존의 보급으로 거리의 서점이 망하고, 점원들은 일자리를 잃는다. 1년 내내 벌어지는 일이므로 대단한 뉴스도 아니다. 그러나 엘리트라고 여기는 은행원 같은 직업에서 실업이 발생한다면 정말로 AI가 일자리를 빼앗는 기술이라는 사실을 부정할 수 없을 것이다.

바로 2년 전쯤만 해도 은행은 신규 채용에 적극적이어서 'AI시대에 은행원을 채용해도 괜찮은가?' 하고 의아해했으나 2017년 이후에는 과감하게 방침을 전환하기로 한 듯하다. 그 배경에는 핀테크FinTech의 보급이 있다.

'핀테크'란 '파이낸스finance'(금융)와 '테크놀로지techno-logy'(기술)라는 두 단어로 이루어진 조어로 '금융의 IT화' 혹은 그것을 위한 기술을 의미한다.

은행에서 현재 고용을 줄여나가는 곳은 창구보다는 '관리부서back office'다. '관리부서'의 은행원은 창구의 뒤쪽에서 결제업무와 서류작성, 서류확인을 한다. 이러한 업무를 현재 급속히 핀테크로 IT화하고 있다. 점포를 줄여나가는 추세이므로 창구업무도 줄어들 것이다. 미쓰비시 UFJ은행은 2017년 10월에 향후 10년간 최대 20퍼센트의 점포를 없애겠다고 발표했다.

정보공간을 상대로 하는 업종은 다양하나 은행업을 포함한 금융업이 특히 IT화, AI화되기 쉬운 이유는 주로 수치를 다루기 때문이다. 말과는 달리 수치를 다루는 일은 인간보다는 오히려 컴퓨터가 잘한다. 지금 단계에서는 AI가 말의 의미를 이해하지 못해서 말로 표현하거나 소통이 필요한 노동을 대체하기는 어렵다.

불륜을 저지르거나 정치자금을 부정하게 쓴 비리 정치가들을 AI로 바꾸자는 주장이 인터넷에서 활발하다. 그러나 말의 의미를 이해하지 못하는 지금의 AI가 정치가의 일을 담당하기는 불가능하다.

다만, 일본은행 같은 중앙은행의 총재는 금리와 화폐량 같은 수치를 다루므로 비교적 AI로 바꾸기 쉽다. 방금 한 말은 농담이고, 특히 '제로 금리 정책'과 '마이너스 금리 정책' 같은 파격적인 정책을 도입해야 할지 말지의 판단은 AI에게는 무리다.

그러나 금리가 플러스인 통상적인 경제에서는 기본적으로는 금리를 올릴지 내릴지만 결정하면 된다. 그 점에 한해서라면 AI라고 하기도 민망한 지극히 단순한 프로그램도 그 나름대로 타당한 의사결정을 할 수 있다. 어쨌든 금융업, 특히 은행업은 그 정도로 IT화, AI화하기가 쉽다는 말이다.

육체노동이 감소하는 것은 2030년 이후

옥스퍼드대학 교수인 마이클 오스본Michael A. Osborne과 칼 베네딕트 프레이Carl Benedikt Frey는 「고용의 미래: 일자리는 컴퓨터화에 얼마나 취약한가?The Future of Employment: How susceptible are jobs to computerisation?」라는 논문에서 무려 702종의 직업이 10~20년 후에 컴퓨터를 통한 자동화로 사라질 확률을 산출했다.

〈도표 20〉을 보면 변호사 조수와 회계사, 회계감사원의 정신노동자도 눈에 띄는데 택시기사와 어부, 웨이터와 웨이트리스 등 상당수의 육체노동자가 일자리를 잃을 공산이 크다는 것을 알 수 있다.

레스토랑 요리사가 사라질 확률은 96퍼센트로 상당히 높

〈도표 20〉 **소멸할 가능성이 높은 직업**

직종	(퍼센트)
슈퍼마켓 등의 계산대 직원	97
레스토랑 요리사	96
안내요원	96
변호사 조수	94
호텔의 안내데스크 담당자	94
웨이터, 웨이트리스	94
회계사, 회계감사원	94
판매원	92
보험대리점 직원	92
여행가이드	91
택시기사	89
버스기사	89
공인중개사	86
경비원	84
어부	86
이발사	80
설거지 담당	77
바텐더	77

높음

사라질 확률

낮음

출처: 2015년 10월 6일자 주간 『이코노미스트』를 바탕으로 작성

다. 예전에는 로봇에게 요리를 시키는 것은 꿈같은 얘기라고 생각했으나 올해(2018년) 영국의 모리사가 '모리'라는 요리 로봇을 발매할 예정이다. 말이 로봇이지 달랑 팔 두 개만 벽에서 쑥쑥 뻗는다. 요리에 발과 몸통은 필요 없으므로 그 형상은 합

리적이다. 요리 로봇이 움직이는 유튜브 영상을 보면 꽤 우아한 손놀림으로 요리 기구를 다룬다. 단, 모리가 실제로 이 영상대로 행동할 수 있는지는 확실치 않다.

이 요리 로봇 모리는 가정용이며, 가격은 무려 900만 엔 정도다. 살 사람이 있을까 싶긴 하지만 업무용으로 레스토랑에 도입하면 비용을 대폭 절감할 수 있다. 만일 이 로봇의 수명이 10년을 간다면 1년당 비용은 90만 엔이므로 인간 요리사를 고용하는 비용보다 월등히 싸다.

모리는 새로운 요리를 창작하지는 못해도 조리법과 재료만 주면 다양한 요리를 만들 수 있다. 실제로 이미 2,000가지나 되는 다양한 요리 목록이 있다고 한다. 패밀리 레스토랑과 프랜차이즈 레스토랑에서는 유효하게 활용할 수 있을 것이다.

〈도표 20〉의 목록에 실려 있는 직업들은 까다로워 보이는 것일지라도 점차 기계가 담당하고 있다. 다만 「고용의 미래」라는 논문에서는 이 직업들을 기술적으로 기계가 대체할 수 있다고 했을 뿐 실제로 사라진다고 언명하지는 않았다. 기술적으로 대체할 수 있다고 해서 즉각 직업이 사라진다는 의미는 아니다. 〈도표 20〉의 목록 제일 위에 있는 계산대 직원은 지금도 자동계산 기계로 대체해도 되지만 모든 슈퍼마켓이 자동계산 기계를 도입해서 단번에 사라지는 일은 일어나지 않는다.

그 이유는 두 가지인데, 하나는 경영자가 도입을 귀찮아하거나 비용을 부담할 능력이 없어서다. 또 하나는 소비자가 자동계산 기계를 사용할 줄 몰라서 꺼리기 때문이다.

어느 레스토랑에서 주문용으로 터치패널touch panel기를 도입했더니 평범한 아주머니들이 '기계로 주문하기 싫다'라며 가게에 발길을 끊었다고 한다. 이러한 소비자 측의 반응 때문에 도입을 추진하지 않는 일은 흔하다.

그러므로 짐작하건대 〈도표 20〉의 목록에 있는 직업은 10~20년 후에도 사라지지는 않는다. 문제는 직업이 사라지느냐 마느냐가 아니라 고용이 감소하느냐 마느냐다.

내가 예상하기로는 택시기사나 경비원 같은 육체노동자는 이르면 2025년, 늦으면 2035년, 평균 2030년 정도부터 일자리가 감소할 것이다.

그럼 지금의 AI 연장선상의 기술을 도입한 기계로 말미암아 결국 얼마나 많은 일자리가 사라질까? 프레이와 오스본 교수는 미국 노동자의 47퍼센트가 종사하는 직업이 사라진다고 한다. 노무라 종합연구소는 오스본과 공동으로 진행한 연구를 바탕으로 일본 노동자의 49퍼센트가 종사하는 직업이 사라진다고 예측한다.

이 주장이 곧바로 일본 노동자의 절반이 일자리를 잃는다는 것을 의미하지는 않는다. 새로운 직업도 탄생하고, 남은 직업으로 이동하는 사람도 있을 것이기 때문이다.

하지만 지금의 AI를 훨씬 능가하는 AI가 출현하면 실업자는 더 증가할 것이다. 인간 못지않은 지성을 가진 AI가 출현하면 어떻게 될까?

인간 같은 AI가 출현한다면 일자리는 사라질까?

범용 인공지능의 연구는 이미 시작되었다

미래의 AI가 고용에 미치는 영향을 논하려면 AI를 '특화형 AI'와 '범용 AI'로 나누어 생각해야 한다.

시리▾와 알파고 등 현대에 존재하는 AI는 전부 '특화형 AI'이며 하나 혹은 몇 개의 특화된 일밖에 하지 못한다. 시리라면 그저 인간의 질문과 요청에 응답하고, 알파고라면 바둑을 둘 뿐이다. 시리에게는 바둑을 두는 능력이, 알파고에게는 인간과 이야기를 나누는 능력이 없다. 인간은 이른바 범용적인 지능을 갖추고 있어서 잠재적으로는 혼자 바둑을 두거나 대화를 나눈다든지, 사무작업을 하는 등 다양한 일을 해낼 수 있다.

그러한 의미에서 지금의 AI는 인간의 지능에는 비교도 되지 않을 만큼 열등하다. 바둑과 장기라는 한정된 영역에서 인간에게 완승했다고 해봤자 인간의 지능이 가진 범용성에는

▾ Siri   Speech Interpretation and Recognition Interface. 애플이 2011년 세계 최초로 선보인 인공지능 음성인식 비서. 방언을 포함해 36개 국어를 구사하며 간단한 정보 검색, 문자메시지 작성, 전화 통화는 물론이고 음성 명령만으로 우버 택시까지 호출할 수 있다.

크게 못 미치기 때문이다.

범용 AI는 그런 인간 같은 지능을 지닌 다재다능한 AI다. 모든 상황에서 지능을 활용해 다양한 일을 해낼 수 있다.

이해하기 쉽게 말하면 범용 AI를 로봇에 도입하면 철완 아톰과 도라에몽 같은 것이 된다. 요청하면 다양한 작업을 해주고, 노비타野比(도라에몽에 나오는 남자주인공) 같은 아이와 놀 수도 있다.

그런 인간과 비슷한 AI, 다시 말해 범용 AI를 만들고 싶은 것이 적잖은 AI 연구자의 꿈이다. AI 연구자 중에는 사회에 유익한 기술을 창조하고 싶다는 사람이 있는가 하면, 유익하건 말건 좌우간 인간을 꼭 닮은 기계를 만들고 싶다는 바람을 가진 사람도 있다.

AI 자체는 20세기부터 있었던 기술이지만 2010년경부터 급속히 진보했기 때문에 최근에서야 AI 연구자의 원래 꿈인 인간 못지않은 AI를 실현하려는 분위기가 조성되었다.

그런 가운데 세계적인 범용 AI의 개발 경쟁이 일고 있다. 이를테면 범용 AI인 알파고를 개발한 '구글 딥마인드사Google DeepMind'의 최종 목표는 범용 AI의 실현이다. 바둑 챔피언에게 완승했다고 만족하지 않는다.

일본에서도 2015년 8월에 범용 AI의 실현을 목표로 하는 NPO 법인 '전뇌 아키텍처 이니셔티브The Whole Brain Architecture Initiative(WBAI)'가 설립되었다. 2014년 11월에 발족한 드왕고Dial-up Wide Area Network Gaming Operation (DWANGO)의 사내 연구기관 드왕고 인공지능연구소의 소장인 공학박사 야마카와 호로시▼와 도쿄대학 대학원의 마쓰오 유타카▼▲ 특임조교수, 이화학연구소의 다카하시 고이치▼▲▼라는 일본을 대표하는 AI 연구자가 이 조직을 이끌고 있다.

'전뇌 아키텍처 이니셔티브'는 2030년에 범용 AI 연구를 실현하겠다는 전망을 제시했다. 마찬가지로 범용 AI를 개발하는 체코의 기업 'Good AI' 또한 2030년을 실현 목표로 잡고 있다.

▼ **山川宏** 1965~, 인공지능학회 편집위원장, 전기통신대학 대학원 정보시스템학 연구과 객원교수. 다마가와玉川대학 뇌과학연구소 특별연구원, 인공지능학회 범용인공지능연구회 주임, 산업기술종합연구소 인공지능연구센터 객원연구원 등을 지냈다. 인공지능과 특히 인간의 종합적인 인지기능을 모델화하는 인지 아키텍처, 개념획득, 인간의 뇌 신경망 원리를 적용해 학습과 추론 등의 처리과정에 관여하는 컴퓨터 알고리즘을 개발하고 구현하는 뉴로컴퓨팅 neurocomputing, 의견 집약 기술 등을 전문적으로 연구한다.

▼▲ **松尾豊** 1975~, 도쿄대학 대학원 공학계연구과 조교수이자 산업기술종합연구소 연구원, 스탠퍼드대학 객원연구원, 싱가포르국립대학 객원조교수 등을 역임했다. 전문 분야는 인공지능, 웹마이닝, 빅데이터 분석 등이며, 인공지능학회로부터 논문상, 창립 20주년 기념사업상, 현장 이노베이션상, 공로상을 받았다. 저서로 『도쿄대학 조교수에게 배우는 '인공지능이란 그런 것까지 할 수 있습니까?'東大准教授に教わる'人工知能って, そんなことまでできるんですか?』 외에 시오노 마코토塩野誠와 공저한 『인공지능은 인간을 능가하는가―딥러닝 끝에 있는 것人工知能は人間を超えるか―ディープラーニングの先にあるもの』 등이 있다.

▼▲▼ **高橋恒一** 1974~, 게이오대학 쇼난후지사와 캠퍼스SFC 재학 시절 세계 최초로 가상세포 시뮬레이터 E-Cell을 개발했다. 휴먼프런티어 과학프로그램Human Frontier Science Program(HFSP) 특별연구원으로서 미국 유학을 거쳐 현재는 이화학연구소 생명시스템 연구센터에서 슈퍼컴퓨터 '게이京'를 활용한 다양한 세포모델링 프로젝트를 주도하고 있다. 전뇌 아키텍처 프로젝트의 가동에도 참여하고 있으며, NPO 전뇌 아키텍처 이니셔티브의 부대표를 역임하고 있다.

범용 인공지능은 일자리를 송두리째 빼앗는가?

2030년경에 범용 AI(와 범용 로봇)가 출현한다면 이후에 많은 일자리가 사라질 가능성이 있다. 인간의 지능은 범용적이므로 잠재적으로는 어떠한 일이든 가능하다. 인간의 노동력은 연체동물처럼 자유자재로 형태를 바꿔서 다양한 직업에 대응할 수 있다. 따라서 특화형 AI가 하나의 직업을 빼앗았다고 해도 실업자는 다른 직업으로 바꿀 수 있다. 표현을 달리하면 특화형 AI는 하나의 직업(혹은 그 가운데 한 가지 일)이라면 모를까, 인간 자체를 대체할 수는 없다.

그에 대해 범용 AI는 다재다능한 지능을 가진 인간이라는 존재를 대체할 수 있다. 범용 AI도 연체동물처럼 자유자재로 형태를 바꿔서 다양한 직업에 대응할 수 있기 때문이다. 그렇다면 범용 AI의 비용이 인간의 임금보다 낮은 경우 모든 직업에서 인간 대신 범용 AI를 고용할 것이다.

새로운 직업이 생겼다고는 하나 범용 AI는 즉각 그 직업에 적응해서 인간을 몰아낼 가능성이 있다. 그러나 범용 AI가 인간을 흉내 낼 수는 있을지언정 반드시 인간과 똑같이 행동하지는 않는다.

앞서 다룬 일본의 NPO 법인 '전뇌 아키텍처 이니셔티브'는 해마와 기저핵, 편도체 등 뇌의 부위별 기능을 프로그램으로 재현하고 그 프로그램을 결합해서 전체적으로 인간과 비슷한 지적 행동이 가능한 범용 AI를 실현하고자 한다.

'전뇌 아키텍처 이니셔티브'는 사실 뇌의 기능을 모방할 뿐이지 뇌를 통째로 복제해서 인간의 뇌를 쏙 빼닮은 소프트웨어를 재현하는 '전뇌 에뮬레이션Whole brain emulation'과는 다르다.

인간에게는 본인조차 깨닫지 못하는 잠재적인 감각과 감성, 욕망이 있어서 전뇌 아키텍처 방식architecture mode으로 범용 AI를 만들어봤자 그것들을 완벽하게 재현하기는 불가능하다. 그러한 모든 감각을 AI에 내장시키려면 단순히 뇌 기능을 흉내 내는 차원이 아니라 뇌를 모조리 복사하는 전뇌 에뮬레이션이 필요하다.

전뇌 에뮬레이션을 실현하려면 인간의 뇌에 들어 있는 1,000억 개의 뉴런(신경세포)과 100조에 달하는 시냅스의 완벽한 도면 '인간 신경회로망 지도Human Connectome'(인간 코넥텀)부터 일단 손에 넣어야 한다. 그러나 데이터가 너무 방대해서 그마저도 금세기 안에는 어렵다고 한다.

▼ **basal ganglia** 대뇌반구에서 뇌간에 걸쳐 존재하는 회백질(신경세포의 집단) 중 미상핵尾狀核, 피각被殼, 담창구淡蒼球, 전장前障, 시상하핵視床下核, 흑질黑質, 적핵赤核을 가리킨다. 신체 전체의 균형을 위한 안정성을 유지하고 수의운동 수행에 극히 중요한 기관이어서 흑질에 병변이 생기면 파킨슨병이, 미상핵에 병변이 생기면 춤을 추듯이 손발을 심하게 움직이는 무도병이, 시상하핵에 병변이 생기면 한쪽 손이나 발을 허공에 휘두르는 편무도병이 생긴다.

▼▲ **amygdala** 측두엽 안쪽에 있는 신경핵의 집합체로 해마의 끝부분에 있다. 동기와 기억, 주의와 학습, 감정, 특히 공포와 관련된 감정을 뇌의 다른 부분에 전달해 도전 또는 회피 반응을 유발한다. 따라서 편도체가 손상되면 두려움을 모르고 시각적·청각적 자극에 포함된 정서적 단어를 인식하지 못해 위협적인 표정과 소리를 알아차리지 못한다.

미국의 경제학자 로빈 핸슨▼은『에뮬레이션의 시대: 로봇이 지구를 지배할 때의 일, 사랑, 삶The Age of Em: Work, Love and Life When Robots Rule the Earth』에서 그 시대가 도래하는 것은 앞으로 100년 후라고 예측했다.

요컨대 속히 범용 AI를 실현하려면 뇌 기능을 모방하는 전뇌 아키텍처 같은 접근이 유력하지만 그러한 방식으로 만든 범용 AI는 인간이 가진 모든 감각과 감성, 욕망이 내장되어 있지 않아서 인간과 똑같은 판단과 행동은 불가능하다.

그래도 남는 일

그러므로 다음 세 가지 분야의 일은 없어지지 않을 것이다.

C: 창의성을 요하는 계통(Creativity)

M: 경영과 관리 계통(Management)

H: 고객응대 계통(Hospitality)

이러한 일은 자신의 감성과 감각, 욕망을 바탕으로 한 판단이 필요하다. 'C: 창의성을 요하는 계통'은 작곡, 소설 창작, 영화 촬영, 발명, 새로운 상품의 기획, 연구 논문 쓰기 등의 일이

▼ Robin Hanson 1959~, 조지메이슨대학 경제학과 조교수, 옥스퍼드대학 인류미래연구소 연구원으로 록히드사(현재의 록히드 마틴)와 나사NASA에서 인공지능 연구에 종사하고 있다. 캘리포니아공대에서 사회과학 박사학위를 취득했으며 경제학, 물리학, 컴퓨터 과학, 철학에 관한 60편의 학술논문은 약 2,800개의 논문에 인용되고 있다.

다. 'M: 경영과 관리 계통'은 공장이나 점포, 프로젝트의 관리, 회사 경영 등이다. 'H: 고객응대 계통'은 요양보호사, 간호사, 보육, 호텔 종사자, 강사 등의 일이다. 나는 이런 직업을 모아서 CMH라고 부른다.

하지만 CMH 분야에 취직한 사람들이 미래에도 무사한가 하면 그렇지는 않다. 이러한 분야도 AI 로봇이 진출해서 이른바 '기계와의 경쟁'에 직면한다. 지금까지는 다른 인간과 경쟁했다면 미래에는 기계와도 경쟁해야 한다.

작곡하는 AI는 이미 존재하며, 미국에서는 AI가 만든 팝송을 대량으로 판매할 계획이다. 그 계획이 실행되면 AI보다 초라한 곡만 만드는 작곡가는 실업자가 되고 말 것이다.

AI는 과거의 작품을 참고로 창작하는 능력은 상당히 뛰어나다. 예를 들면 마이크로소프트사가 개발한 AI는 17세기 네덜란드의 화가 렘브란트의 신작인 듯한 그림을 그릴 수 있다. 바흐가 작곡했을 법한 음악을 만드는 것도 인간보다 AI가 잘할 정도다.

독창성이 있는 곡도 언젠가는 만들 수 있을지 모른다. 그러나 AI가 〈도표 21〉 우측 상단에 해당하는 독창성과 오락성을 겸비한 곡을 만들기는 곤란하다. AI는 자신이 새로 만든 곡의 멜로디가 듣기 좋은지 나쁜지를 판단할 수 없기 때문이다. 과거에 비슷한 멜로디가 있으면 이 소절도 듣기 좋을 것이라고 유추할 뿐이다.

〈도표 21〉 **AI가 작곡하기 어려운 음악의 유형**

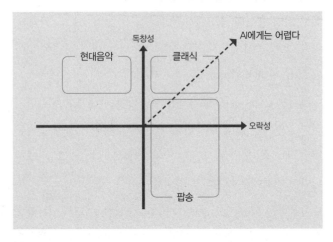

그러나 과거와 비슷한 소절이 없으면 판단할 길이 없다. 인간은 자신의 뇌에 물어보면 새로운 멜로디가 듣기 좋은지 나쁜지를 알 수 있다. 자신의 감각과 감성에 따라서 판단하는 것이다.

현재로선 AI가 인간의 뇌를 완전히 복사하는 것은 가당치도 않다. 따라서 신기한 소절일수록 AI는 그 가치를 판단하지 못하므로 인간의 손에 맡길 수밖에 없다.

단, 〈도표 21〉의 우측 상단에 있는 작품은 인간도 만들기 어렵다. 원래 근대예술은 어떤 분야든 대개 독창성과 오락성을 겸비했다. 음악으로 말하면 베토벤과 모차르트, 쇼팽 등의 클래식(근대음악)이다.

그런데 시대가 지날수록 독창성과 오락성을 겸비하기가 힘들다. 점차 두 가지를 모두 겸비한 '재료'가 바닥을 드러내기 때문이다. 연못에 있는 물고기를 잇달아 낚으면 연못의 물고기가 줄어들어서 점점 낚기가 힘들어지듯이 마찬가지로 예술도 소재가 고갈된다. 다만 지금도 독창성과 오락성 중 어느 한쪽만 추구하는 것은 가능하다.

독창성을 추구하는 음악 장르는 요즘은 일괄해서 '현대음악'이라고 한다. 이 장르는 오락성이 너무나도 부족해서 극소수의 마니아만이 감상한다. 반대로 오락성을 추구하는 음악은 '팝송'이라고 한다. 2차 세계대전 무렵에 클래식(근대음악) 시대가 끝나고 종전 후의 음악은 현대음악과 팝송 두 가지로 명확히 분리된다.

물론 재즈와 록 같은 팝송에도 독창성을 추구한 곡은 있으며 독창성과 오락성을 겸비한 곡도 있긴 하지만 오늘날은 팝송에서 독창성을 추구하기가 상당히 어렵다.

우리 시대에 베토벤과 모차르트, 비틀스 같은 후세에 이름을 남긴 음악가가 나타날 가능성은 상당히 낮다. 요즘 음악가의 능력이 뒤떨어져서가 아니라 소재가 고갈된 시대를 사는 사람의 숙명이다.

달리 표현하면 〈도표 21〉의 우측 상단에 있는 음악, 다시 말해 인간은 만들어도 AI는 만들 수 없는 음악은 상당히 줄었다. 바흐 이전에 AI가 있었어도 대단한 작곡은 못 했을 테지만 지금의 AI가 만들 수 있는 곡의 다양성은 풍부하다. 지난 300년간 인간이 창작한 다양한 곡을 데이터로 이용하기 때문이다.

창의성만이 아니라 관리와 고객응대 역시 데이터가 축적되면 AI 로봇에게 가능한 일은 늘어나고, 인간만이 할 수 있는 일은 감소한다.

전 인구의 10퍼센트만 노동하는 사회

범용 AI가 2030년에 등장한다면 이르면 2045년쯤에는 상당히 보급되어서 범용 AI가 탑재된 PC와 스마트폰으로 '전자비서personal assistant'를 이용할지도 모른다.

이 '전자비서'는 손발을 쓰지 않는 일이면 무엇이든 의뢰할 수 있으므로 '우리 회사의 결산서를 만들어줘', '우리 회사 홈페이지를 만들어줘', '자동차 산업의 최신 동향을 10쪽가량의 보고서로 정리해줘'라고 명령만 하면 단박에 작업해준다.

또는 범용 AI가 내장된 로봇, 다시 말해 범용 로봇이 레스토랑의 웨이터, 웨이트리스부터 경찰관, 소방관에 이르기까지 신체의 동작이 필요한 갖가지 일을 담당할 것이다. 그때 남는 직업은 창의적인 업무, 관리와 경영, 고객응대(CMH)와 관련된 일인데, 그러한 일조차 절반 정도는 사라져도 이상하지 않다.

현재의 취업자 수(일하고 있는 노동자의 수)는 전 인구의 약 절반인 6,600만 명이며 CMH와 관련된 일에 종사하는 사람은 1,900만 명가량이다. 그 가운데 절반이 사라지면, 남는 것은 950만 명으로 이는 전 인구의 약 10퍼센트에 해당한다.

여기서는 일단 취업자 수를 10퍼센트라고 하자. 자세히 말하면 나머지 90퍼센트 중에도 일을 하는 사람은 있지만 대수롭지 않은 아르바이트 정도거나 정규직이라도 수입은 입에 풀칠하기도 빠듯한 액수다. 혹은 종신고용제도가 존재하는 까닭에 회사에 고용되어 있긴 하지만 실은 잡일이나 하는 사내 실업 상태에 있는 경우도 생각할 수 있다.

요컨대 2045년에는 실속 있는 직업으로 먹고살 만큼 수입을 얻는 사람이 10퍼센트 정도밖에 없을지도 모른다는 뜻이다. 그러한 사회를 '탈노동사회'라고 부르겠다.

이는 2030년에 범용 AI가 출현한 뒤 가장 빨리 보급된 경우의 얘기며, 가장 천천히 보급된 경우는 2060년쯤 탈노동사회가 도래할 것이다. 그리고 2030년부터 30년만 지나면 범용 AI는 기필코 보급된다.

탈노동사회에 기본소득은 필수다

노동자의 대부분이 굶어 죽는다

'탈노동사회'는 CMH 분야의 '기계와의 경쟁'에서 이긴 소수의 슈퍼스타 노동자만이 일하는 사회다. 그러한 '탈노동사회'에서 다른 사람들은 대체 어디서 소득을 얻을까. 사람들은 놀고먹을 수 있을까, 아니면 그저 기계에 일을 빼앗겨서 생계가 막막하려나.

사람들을 단순하게 '노동자'와 '자본가'로 나누어 설명하겠다. 그리고 전 인구의 10퍼센트에 해당하는 슈퍼스타 노동자는 당분간 무시하고 이야기를 진행하겠다.

'노동자'는 임금노동을 하는 사람, '자본가'는 공장과 점포, 회사 등을 소유하거나 그것들의 운영자금을 제공하는 사람이다. 노동자의 수입원은 일해서 얻는 임금소득이며, 자본가의 수입원은 이자와 배당이다.

회사원이 주식거래를 하는 현대에 이러한 구분은 시대에 뒤떨어져서 부질없다고 생각할지도 모른다. 하지만 노동자와 자본가의 확실한 구분은 여전히 유효하며 갈수록 점점 더 유효하다.

주식배당과 자본이득capital gain만으로 생활할 수 없는 회사원은 결국 노동자다. 반대로 배당과 자본이득 등의 불로소득만으로도 충분히 먹고살 수 있는 회사원은 자본가다. 그러한 의미에서는 대부분의 현역 세대는 노동자다.

그렇다면 2045년부터 2060년에 걸쳐 도래하는 탈노동사회에서는 대부분 소득이 없어서 굶어 죽을 수밖에 없다. 아무런 사회보장제도도 마련되지 않으면 자본가 외에는 그렇게 될 수밖에 없다. 탈노동사회에서 자본가는 생계나 실직을 염려하기는커녕 오히려 몫이 늘어난다.

미래에는 로봇이 상품을 만드는 무인공장이 출현하고, 그것을 소유한 자본가는 소득을 얻는다. 자본가는 노동자에게 임금을 줄 필요가 없으므로 이익은 고스란히 본인 몫이다.

소득은 '자본가의 몫인 이자, 배당소득'과 '노동자의 몫인 임금소득'의 두 가지로 나눌 수 있다. 전자의 비율을 '자본소득분배율',▼ 후자의 비율을 '노동소득분배율Labor's relative share'이라고 한다. 탈노동화가 진행하는 사회란 자본소득분배율이 100퍼센트에 가까워지고, 노동소득분배율이 0퍼센트에 가까워지는 것을 의미한다. 자본가가 독식하는 사회가 오는 것이다.

공공부조의 문제점이 커진다

탈노동사회에서는 노동자의 대부분이 기계에 일을 빼앗길 가능성이 있다. 그럴수록 자본가의 몫은 한없이 커지고, 노동자의 몫은 한없이 작아진다. 그러면 AI의 발달로 생산성이 폭발적으로 향상해도 자본을 가진 소수의 사람만 부유해지며, 대다수인 노동자는 오히려 가난해지는 '디스토피아Dystopia'가 찾아온다.

노동자가 굶어 죽지 않도록 하려면 공공부조를 국민 대부분에게 적용하는 정책을 적극적으로 추진해야 한다. 하지만

▼ capital share 기업이 생산활동을 통해 새로이 창출한 부가가치 중 설비투자와 주식배당, 사내유보금 등으로 분배되는 비율.

공공부조는 탈노동사회에 적합한 제도라고 할 수 없다. 이 책에서 이미 논했듯이 현재 시행 중인 공공부조제도에는 다양한 문제점이 있다.

공공부조는 제도를 적용할 때 먼저 구제할 만한 사람과 그럴 가치가 없는 사람을 추려내야 한다. '자산조사'라는 그러한 선별과정은 거액의 행정비용이 들어감에도 종종 실패로 끝난다. 곧잘 지적되는 부정수급자 외에도 공공부조 수급액 이하의 소득이 전부인 이른바 '일하는 빈곤층working poor'을 방치해서 해마다 굶어 죽는 사람이 발생한다.

범용 AI의 보급으로 일자리를 빼앗겨서 수입원이 끊긴 사람이 늘어나면 공공부조의 적용대상을 확대해야 하므로 이 제도의 문제점도 더불어 커진다.

기본소득을 도입하지 않고 공공부조만 유지할 경우 대다수 국민이 생업을 잃는 탈노동사회에서 수급대상자를 선별하는 비용은 막대하다.

따라서 사회보장제도에 관한 근본적인 개혁이 필요하다. 탈노동사회에는 기본소득 같은 보편적인 사회보장제도가 어울린다. 기본소득이라면 대상자를 선별하는 비용이 들어가지 않는다.

AI가 발달한 미래가 아니라 당장 기본소득을 도입해야 한다. 지금까지 살펴보았듯이 공공부조에 비하면 훨씬 뛰어난 사회보장제도이기 때문이다. 그러나 지금 일본 국민은 대부분 일해서 얻은 소득으로 최저한의 생활을 영위해서인지 기본소득의 필요성을 별로 느끼지 못한다.

그러나 AI가 고도로 발달해 특별한 사람만이 일해서 돈을 버는 사회가 오면 아마도 대개 기본소득을 도입하는 편이 낫다고 생각할 것이다. 앞서 말했듯이 AI의 발달로 일자리를 빼앗겨서 수입원이 끊긴 사람이 늘어나면 공공부조의 적용대상을 확대해야 하며, 공공부조의 문제점도 더불어 커지기 때문이다.

게다가 원래 노동자의 대부분이 공공부조를 수급한다면 공공부조의 규모는 기본소득과 별 차이가 없다. 대부분의 노동자냐, 전 국민이냐 하는 차이일 뿐이다. 그렇다면 차라리 문제점이 많은 공공부조를 기본소득으로 대체하는 편이 훨씬 바람직하지 않을까.

창의적인 세계는 잔혹하다

한편 앞으로 AI가 아무리 발달해도 인간만이 가능한 창의적인 직업은 늘어날 테니 취직 걱정은 할 필요가 없다는 의견도 있다.

『고용의 미래』의 저자 중 한 사람인 오스본 교수는 AI가 고도로 발달한 미래에는 '창조경제creative economy'가 도래한다고 예상한다. AI 같은 기계가 가능한 일은 기계에 맡기고 사람들은 창의적인 일에 전념하게 된다는 의미다. 창조경제는 내

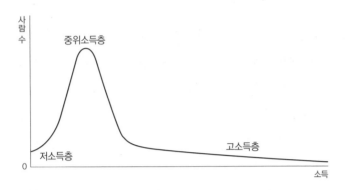

〈도표 22〉 **일반적인 직업의 소득분포**

가 자주 쓰는 '두뇌 자본주의'와 중복되는 개념이며 나도 이 견해에 찬성한다.

　그러나 창의적인 세계는 잔혹하다. 인기 있는 연주가는 극히 일부다. 도쿄에서는 비교적 집세가 싼 중앙선을 따라 인기 없는 연주가들이 다수 자리를 잡고 산다. 그들은 카페나 선술집에서 아르바이트를 하거나 때로는 신약 실험대상자가 되어 돈을 번다.

　연예인도 마찬가지여서 일부를 제외하면 일반인에게는 이름조차 생소하므로 본업으로 버는 연간 소득은 10만 엔 이하다. 교통비를 본인이 부담하는 탓에 심지어 소득이 마이너스인 경우도 있다. 그들은 별도로 아르바이트를 하거나 인기 있는 연예인에게 얻어먹으며 근근이 생계를 이어간다.

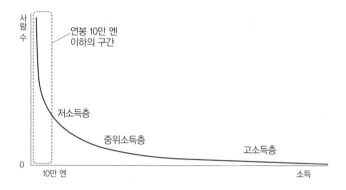

〈도표 23〉 **창의적인 업종의 소득분포**

사람수

연봉 10만 엔
이하의 구간

저소득층

중위소득층

고소득층

0

10만 엔

소득

일반 직업의 소득분포는 〈도표 22〉와 같다. 가난한 사람이 그럭저럭 있으며, 중산층은 두텁고, 부자는 극소수다. 반면에 창의성이 필요한 계통의 직업은 〈도표 23〉처럼 가난한 사람은 한없이 많고, 중간층은 그보다 훨씬 적으며 부자는 더더욱 적다.

AI와 로봇이 아무리 일자리를 빼앗아도 창의적인 일은 남으므로 모두가 그러한 일에 종사하면 된다고 생각할지도 모른다.

설사 그렇다 해도 먹고살 만큼 돈벌이가 시원치 않다면 그 일은 취미와 별반 차이가 없으며 실업문제 해소로는 이어지지 않는다. 직업이라고는 연봉 10만 엔 이하인 연예인이나 연주가뿐인 '극도로 창의적인hypercreative 사회'를 사람들이 과연 바랄까?

근래에 창의적인 일의 종류가 갑자기 증가하고 있다. 유튜브에 출연하거나 라인LINE 스탬프를 만드는 일은 10년 전에는 존재감도 없었다. 그래서 대부분 직업이 아니라 그저 용돈이나 버는 취미로만 여겼다.

AI의 보급으로 평범하게 회사에서 다달이 월급을 받는 안정된 직업은 사라지고 창의적인 일만 남는다면 소득의 분포는 〈도표 22〉에서 〈도표 23〉으로 바뀔 것이다. 거의 모든 사람이 먹고살 수 없는 지옥 같은 사회가 된다.

실제로는 관리와 경영이나 고객응대와 관련된 일도 남으므로 완전히 〈도표 23〉처럼 되지는 않겠지만, 이러한 소득분포에 근접하는 사실에는 변함이 없다. 중산층이 아니라 빈곤층이 으뜸가는 '볼륨 존'˅이 되고 만다.

과학기술의 진보만으로 밝은 미래가 도래하리라는 보장은 없다. AI가 모든 일을 해준다 해도 평생 놀고먹을 수 있는 행복한 사회가 저절로 도래하지는 않는다. 그러한 사회를 완성하려면 노동하지 않더라도 소득이 들어오는 기본소득 같은 포괄적인 사회보장제도가 필요하다.

˅ volume zone   가계당 연간 가처분소득이 5,000~3만 5,000달러인 소비계층을 일컫는다. 일본의 2009년판 『통상백서』에 처음 제시된 개념으로 중산층 소비시장이라고 할 수 있다.

자본주의의 미래

폭발적인 경제성장을 위해

지금까지 살펴보았듯이 AI가 고도로 발달한 미래에는 실업과 격차를 방치하면 갈수록 심각해지므로 재분배정책으로서 기본소득제도가 요긴하다.

하지만 AI 시대에 기본소득이 필요한 이유는 그뿐만이 아니다. 범용 AI를 비롯해 AI 로봇을 포함한 기계로 고도의 자동화가 이루어지면 폭발적인 경제성장이 실현될 가능성이 있다. 단, 고도의 자동화 덕에 잠재성장률이 상승해도 수요가 쫓아가지 못하면 이러한 성장은 현실이 되지 않는다.

수요를 계속 자극하고 높은 성장률을 실현하기 위해서라도 기본소득이 필요하다. 먼저 어째서 폭발적인 경제성장이 가능한지를 논하겠다.

맬서스의 덫

범용 AI의 출현은 제1차 산업혁명 이후의 '생산구조'의 변화를 초래할 수 있다. '생산구조'란 생산활동에 필요한 '투입요소input'와 생산활동을 통해 생산되는 '산출물output'과의 기본적인 관계를 의미한다. 토머스 로버트 맬서스˚가 말하는 '생산양식'과는 다르므로 주의가 필요하다.

인류는 기원전 1만 년경부터 시작된 '농업혁명'으로 수렵과

채집에서 농업 중심의 경제로 전환했다. 농업에서 중요한 투입요소는 '토지'와 '노동'이며, 산출물은 농작물이다.

토지는 기본적으로 인간의 손으로 만들어낼 수 없는 것이 특징이다. 따라서 산출량을 늘리려면 노동량을 늘릴 수밖에 없다. 그러나 노동량(노동자)을 늘리려면 아이를 많이 낳으면 되지만 그래서는 인구 1인당 산출량(산출량/인구)을 늘릴 수가 없다.

유사 이래로 오랜 세월 1인당 산출량(소득)은 늘어나지 않고, 생활수준은 거의 상승하지 않았다. 기술수준의 향상으로 농작물의 산출량이 증대했어도 인류가 그만큼 아이를 많이 낳아서 인구가 증가했기 때문이다.

따라서 〈도표 24〉에서 보듯이 1인당 소득은 산업혁명 이전에는 단기적으로 변동하기는 했으나 장기적으로는 거의 변화가 없다. 소득이 줄곧 최저생계비보다 월등히 높은 수준으로 상승하는 사태가 발생한 적이 없는 것이다. 맬서스가 『인구론』에서 지적한 이 현상을 '맬서스의 덫Malthusian Trap'이라고 부른다.

▼ **Thomas Robert Malthus** 1766~1834, 영국의 경제학자. 기하급수적으로 증가하는 인구에 비해 생활에 필요한 자원, 특히 식재료는 산술급수적으로 증가하므로 인구와 식재료의 불균형 때문에 불가피하게 기근, 빈곤, 악덕이 발생한다고 주장했다. 주요 저서로 『인구론』, 『경제학 원리Principles of Political Economy, considered with a View to their Practical Application』, 『경제학의 정의Definitions in Political Economy』 등이 있다.

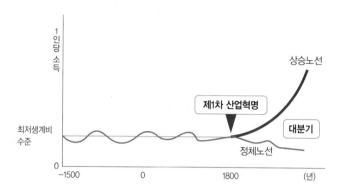

〈도표 24〉 **대분기大分岐**

출처: 그레고리 클라크Gregory Clark, 『맬서스, 산업혁명 그리고 이해할 수 없는 신세계』
(2007)를 바탕으로 작성

대분기

제1차 산업혁명은 이러한 인구와 생활수준의 관계를 근본적으로 뒤집어엎었다. 이 혁명으로 나타난 산업자본주의는 일반적으로 〈도표 25〉와 같은 생산구조를 가진 경제다.

투입요소는 기계(＝자본)와 노동이고, 생산물은 공업제품과 서비스다. 기계는 생산물의 일부이므로 투자해서 기계를 늘리면 더 많은 공업제품을 생산할 수 있다.

이러한 순환과정으로 자본은 무한증식하고 생산물도 무한히 늘어난다. 이 과정이 바로 마르크스 경제학에서 말하는 '자본의 증식운동'▾이다.

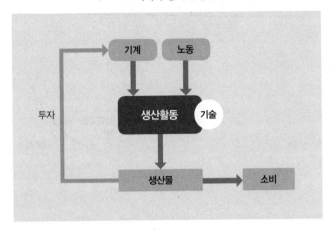

〈도표 25〉 **기계화 경제의 생산구조**

  토지는 생산활동으로 산출된 생산물이 아니어도 기계는 생산물이라는 점이 중요하다. 산업혁명으로 형성된 이 피드백 회로는 기술진보와 맞물려서 산출량을 극적으로 증대시켰다.

  산업혁명기의 영국에서는 산출량이 증대함에 따라 전례 없는 기세로 인구가 늘어났다. 그러나 그것을 능가하는 속도로 산출량이 증가한 덕에 맬서스의 덫에서 탈출했다. 요컨대 세월이 가면서 1인당 소득이 증가하고, 생활수준이 부단히 향상하는 경제로 이행한 것이다.

  〈도표 24〉(169쪽)의 그래프는 산업혁명기에 두 가지 노선으

▼ 마르크스는 『자본』에서 자본은 '잉여가치를 낳아서 자기증식을 하는 가치의 운동체'라고 정의했다.

로 나뉜다. 19세기에 영국을 비롯한 유럽과 미국의 경제가 꾸준히 성장하는 상승노선을 걷기 시작했다. 한편 아시아와 아프리카 국가들의 경제는 정체노선을 걸었으며 미국과 유럽의 수탈로 오히려 가난해졌다.

이리하여 세계는 부유한 지역과 가난한 지역으로 나뉘었다. 이 분기를 최근의 경제사 용어로 '대분기great divergence'라고 하며, 미국의 역사학자 케네스 포메란츠▼의 『대분기—중국과 유럽 그리고 근대 세계경제의 형성』에서 유래한다.

제2의 대분기

19세기 말에 일어난 '제2차 산업혁명'(전력과 휘발유 엔진 등에 의한 혁명)과 20세기 말에 일어난 '제3차 산업혁명'(정보기술혁명, IT혁명)은 우리 생활에 큰 영향을 끼쳤으나 생산구조에는 근본적인 변혁을 일으키지 않았다. 혁명들을 거쳤어도 자본주의 경제의 생산활동은 여전히 '기계'와 '노동'이라는 두 가지 투입요소가 필요하다.

이러한 산업혁명부터 현재에 이르는 자본주의 경제를 '기계

▼ **Kenneth Pomeranz** 1958~, 미국의 역사학자로 전문 분야는 근대 중국 경제사와 세계경제사다. 예일대학에서 박사학위를 취득했으며, 캘리포니아대학 어바인Irvine 역사학부 교수를 거쳐 현재 시카고대학 역사학과 교수로 재직 중이다. 『글로벌 히스토리 저널Journal of global history』의 창간 멤버이자 미국 역사학회 회장이다. 주요 저서로 『대분기—중국, 유럽 그리고 근대 세계경제의 형성』(존 킹 페어뱅크상, 세계역사학회 저작상 수상), 『배후지의 형성: 화북 내륙에서의 국가, 사회와 경제 1853-1937』(동아시아사 분야의 '올해의 책'으로 선정되어 존 킹 페어뱅크상 수상), 『설탕, 커피 그리고 폭력: 교역으로 읽는 세계사 산책』 등이 있다.

화 경제'라고 부르겠다. 기계화 경제를 표준적인 경제성장 이론 모델인 '솔로우 성장모형'▼을 기초로 분석하면 장기적으로는(정상상태에서는) 경제성장률이 2퍼센트 정도로 일정해진다.

3장에서 말했듯이 중국과 인도가 6퍼센트 넘는 높은 경제성장률을 달성한 까닭은 그들의 경제가 따라잡는 과정에 있기 때문이다. 고도성장기의 일본도 마찬가지여서 10퍼센트를 넘는 성장률을 달성했다.

거꾸로 오늘날 일본과 미국의 경제성장률이 1퍼센트와 2퍼센트로 저조한 이유는 솔로우 성장모형의 정상상태에 있기 때문으로 해석할 수 있다. 이대로는 두 번 다시 고도성장기 같은 성장률을 달성할 수 없다.

그런데 범용 AI를 비롯한 AI 로봇이 가져올 혁명인 '제4차 산업혁명'은 성숙한 국가들의 성장이 막힌 경제 상황을 타파할 가능성이 있다. 그 이유는 AI 로봇이 인간의 거의 모든 노동을 대신하면 〈도표 26〉과 같은 생산구조가 되기 때문이다.

투입요소는 AI 로봇을 포함한 기계뿐이므로 노동은 필요 없다. 프랑스의 경제학자 토마 피케티▼▼는 이러한 경제를 '순수 로봇 경제Pure Robot-economy'라고 불렀는데, 여기서는 '순

▼ **Solow Growth Model** 미국의 경제학자 로버트 머튼 솔로우Robert Merton Solow(1924~)가 '기술혁신'(기술력, 기술진보, 생산성), '자본금capital stock', '노동투입량'(노동력, 노동인구)의 세 가지 요소를 이용해서 경제성장을 설명한 모델. 솔로우는 이 모델을 포함해서 경제학에 끼친 공로로 노벨경제학상을 수상했다.

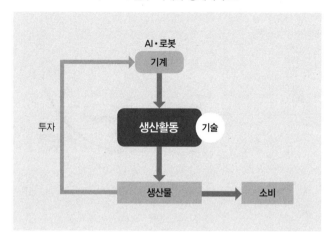

〈도표 26〉 **순수 기계화 경제의 구조**

AI · 로봇

기계

생산활동　기술

투자

생산물　소비

수 기계화 경제'라고 부르겠다. 순수 기계화 경제의 출현이야말로 탈노동사회를 이룩한다.

이 순수 기계화 경제에 관해 수리數理 모델을 만들어서 분석하면 성장률 자체가 해마다 상승하는 결과를 얻을 수 있다. 정상상태의 기계화 경제에서는 해마다 거의 일정한 비율로 1인당 소득이 성장하는데, 순수 기계화 경제에서는 성장률 자체가 매년 성장한다.

▼▲ **Thomas Piketty**　1971~. 약 15년간 수집한 20여 개국의 18세기 이후 거시적인 경제자료를 바탕으로 자본주의가 초래한 불평등 확대 구조를 실증적으로 폭로하고, 건전하고도 민주적인 사회를 재생하려면 국경을 초월한 공평한 세금제도(자산에 대한 누진과세)를 도입해야 한다고 제안했다. 사회당의 올랑드 정권이 피케티를 프랑스 최고훈장인 '레지옹 도뇌르' 수훈자로 지명했으나 '명예를 결정하는 것은 정부의 역할이 아니다. 경제성장에 집중해야 한다'라며 수상을 거부했다. 주요 저서로 『21세기 자본』, 『애프터 피케티』, 『불평등 경제』, 『세금혁명』 등이 있다.

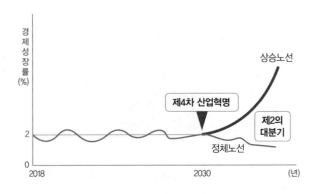

〈도표 27〉 **제2의 대분기**

따라서 범용 AI를 도입한 국가와 그렇지 않은 국가의 경우 〈도표 27〉처럼 경제성장률에 차이가 생긴다. 이 도표는 세로축이 경제성장률인 데 비해 〈도표 24〉(169쪽)는 세로축이 1인당 소득이라는 점에 주의하기 바란다. 중요한 것은 소득(GDP) 성장률이냐, 수준이냐의 차이다.

제4차 산업혁명기에 나타나는 이러한 분기를 '제2의 대분기'라고 부르겠다. 제1차 산업혁명기에 발생한 최초의 대분기는 증기기관 같은 기계를 도입해 생산을 기계화한 유럽과 미국은 상승노선을 타고, 그렇지 않은 나라들은 정체노선에 남겨졌다. 그와 마찬가지로 제2의 대분기는 범용 AI 등의 AI 로봇을 재빨리 도입해 생산활동을 순수 기계화한 나라들이 경제면에서 압도적인 우위를 차지하며 도입이 더딘 나라들과의 격차를 크게 벌려놓았다.

수요를 계속 증가시키는 좋은 방법은?

순수 기계화 경제에서 나타나는 기하급수적으로 상승하는 성장률은 정확히는 잠재성장률이다. 이는 수요의 제약에 가로막혀서 〈도표 27〉의 상승노선 같은 성장을 실현하지 못할 가능성이 있음을 의미한다.

요컨대 폭발적으로 증가하는 잠재공급을 수요가 쫓아가지 못할 가능성이 있다는 뜻이다. 만일 기본소득 같은 대규모의 재분배정책을 시행하지 않으면 대개의 노동자는 소득이 없어서 소비도 못 하므로 수요는 오히려 감소하고 경제가 축소하는 일도 충분히 발생할 수 있다.

그러면 디플레이션으로 이어져 일본의 잃어버린 20년보다 훨씬 심각한 불황이 올 것이다. 통화량의 수축에 따른 불황에 빠지지 않도록 하려면 기본소득 같은 재분배정책으로 일자리를 잃은 노동자에게 소득을 주는 동시에 화폐량 자체를 늘려야 한다. 목욕탕의 물이 너무 뜨거울 때 찬물을 타서 섞는 것과 같은 이치다. 물을 붓는 것이 화폐량의 증가에 해당하고, 섞는 것이 재분배정책에 해당한다.

그런데 화폐량을 늘리려다가도 이토록 급속히 잠재공급이 증가하면 중앙은행은 항상 대대적인 금융완화정책을 시행해야 하므로 종종 제로 금리에 빠진다. 3장에서 말했듯이 제로 금리에 빠지면 금융완화정책의 효력이 극도로 약해지는데, 이때 재정정책도 함께 실시하면 효과를 유지할 수 있다. 이러한 재정정책과 금융정책을 합친 방법이 '간접적 재정적자 화폐화'이며, 헬리콥터 머니 정책이다.

직접이든 간접이든 어떠한 형태로든 발행한 화폐를 시중에 지급하는 정책을 시행하면 끊임없이 수요를 늘릴 수 있다. 그러한 급부가 바로 '변동 기본소득'이다. 증가하는 잠재공급에 맞춰서 화폐량도 늘려야만 한다면 변동 기본소득의 액수도 급속히 증가하게 된다. 그때 간접적 재정적자 화폐화도 수요를 증대시키는 효과는 있으나 3장에서 말했듯이 국민 중심의 화폐제도로 전환해 직접적 재정적자 화폐화가 거시경제정책의 주축을 이루는 편이 수요를 조절하기가 한결 쉽다.

어떤 나라가 범용 AI를 도입해 경제체계가 기계화 경제에서 순수 기계화 경제로 전환했다 해도 변동 기본소득을 도입하지 않으면 잠재성장률은 기하급수적으로 상승하는 한편, 실제 성장률은 수요의 제약에 가로막혀 거의 제자리걸음을 할 가능성이 있다. 그 경우 역시 이 나라는 상승노선을 타지 못하고 정체노선을 걷게 된다.

따라서 과거 대분기의 유럽과 미국처럼 제2의 대분기에서 상승노선을 타려면 범용 AI와 변동 기본소득을 모두 도입해야 한다. 가능한 한 국민 중심의 화폐경제로 전환할 필요도 있다.

예전의 대분기에서 재빨리 상승노선을 탔던 영국이 최초로 증기기관을 생산활동에 이용한 나라인 동시에 최초로 은행 중심의 화폐제도를 확립한 나라이기도 한 점을 상기해주기 바란다.

공급자 측의 요인인 기술과 수요자 측의 요인인 화폐의 두 가지 면에서 차세대에 적응한 나라부터 순서대로 새로이 이륙할 것이다.

근대 자본주의로부터의 탈피

경제가 계속 폭발적으로 성장하면 조만간 사람들은 모든 상품의 소비에 만족해서 아무리 돈을 많이 벌어도 소비하지 않으므로 변동 기본소득으로 수요를 자극해도 전혀 효과가 없는 미래가 도래할 것이다.

그러한 사회는 모든 사람이 소비에 싫증이 날 만큼 물질적으로 풍요로운 일종의 유토피아다. 거기까지 도달하면 이미 경제성장도 불필요하며, 경제학의 역할도 완전히 사라진다. 해소할 문제가 존재하지 않으니 아무것도 논할 필요가 없다.

근대 자본주의는 〈도표 28〉처럼 '자본의 증식운동', '기계화 경제', '은행 중심의 화폐제도', '시장경제'의 네 가지 특징을 갖는다. 가장 근본적인 특징은 '자본의 증식운동'이며 이 운동은 모든 사람이 완전히 소비에 만족할 수 있는 유토피아에 이르러서야 사라진다. 경제는 성장을 멈추고 자본은 늘어나지 않는다. 그러나 이것은 자본주의의 가장 마지막 단계이므로 아

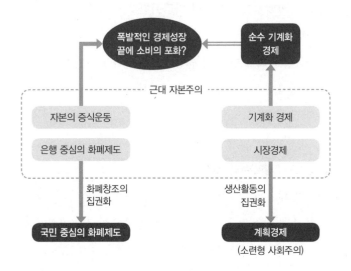

〈도표 28〉 **근대 자본주의로부터 어떻게 탈피하는가?**

득한 미래의 무한히 먼 점에 있다고 해도 무방하다.

　가까운 미래에 일어날 가능성이 있는 것은 '기계화 경제'에서 '순수 기계화 경제'로의 전환이다. 이 전환으로 노동자는 일거리를 잃고 착취당하지 않는 대신 임금소득도 없다.

　은행 중심의 화폐제도 또한 근대 자본주의의 중요한 엔진이다. 이미 논했듯이 '순수 기계화 경제'로 전환하기 전에 국민 중심의 화폐제도로 대체해야 한다. 화폐제도를 집권화해야 하기 때문이다.

　소련형 사회주의가 실패한 명백한 이유는 가장 먼저 시장경제를 해체해버렸기 때문이다. 계획경제로 생산활동을 통제하는 중앙집권화라는 절대 피해야 할 형태로 근대 자본주의로부터 탈피하려고 한 것이다. 그러나 필요한 것은 화폐창조의 집권화지 생산활동의 집권화가 아니었다.

역시 소련 같은 집권적인 사회주의 체제는 이미 근대 자본주의의 대안이 될 수 없다. 대안은커녕 소련형 사회주의는 원래 국가 주도의 자본주의일 수밖에 없었다. 그것은 생산수단을 국유화해서 중앙당국이 계획적으로 한 나라의 경제를 통제하는 체제이므로 시장경제를 바탕으로 한 자본주의와는 질이 다르다.

단, '자본의 증식운동'을 한다는 점에서는 차이가 없으므로 '집권적 자본주의'라고 부르는 편이 실태에 맞는다. 그에 비해 우리가 날마다 접하는 시장경제는 '분권적 자본주의'다.

집권적 자본주의가 원활히 기능하려면 분권적인 시스템인 시장경제를 계획경제로 재현할 수 있어야 한다. 오스트리아의 경제학자 프리드리히 하이에크는 이론상으로 그것이 불가능하다는 의견을 제시했을뿐더러 사회주의권이 붕괴해서 실제로 확인하기도 했다. 결국은 해결하기 벅찬 난제였다. 이 체제는 착취라는 문제에 한해서는 전혀 개선한 바가 없다. 거기서는 노동자를 착취하는 주체로서 자본가 대신 국가의 지도자와 관료라는 붉은 귀족만 토실토실 살쪘다.

21세기인 지금 미궁으로 들어가는 테세우스에게 아리아드네가 건네준 실타래처럼 자본주의에서 벗어나는 길로 인도할 이념은 거의 존재하지 않는다. 소련이 붕괴한 이후 현대인들은 자유주의자와 사회민주주의자가 되기는 쉬워도 혁명가가 되기는 힘들다. 혁명 후의 새로운 경제체제의 전망을 제시할 수 없기 때문이다. 그렇다면 자본주의는 전혀 출구가 없는 듯이 보인다.

그러나 머지않은 미래에 그러한 이념과 전망 없이 자연스럽게 순수 기계화 경제로 이행해 자본가에 의한 착취가 사라지고 근대 자본주의를 지양할지도 모른다. 착취를 근절하려는 시도가 실제로 효력을 발휘하기 전에 저절로 사라지는 것이다. 단, 그것은 노동자의 권리를 의미하지 않는다.

자본가가 노동자를 고용하지 않아서 착취당하지 않으면 굶어 죽을 수밖에 없다. 이러한 대규모 기아사태를 초래할 수 있는 기계가 바로 AI이자 로봇이다. 그러한 사태에 빠지기 전에 기본소득을 도입해야 한다. 기본소득과 국민 중심의 화폐제도가 도입되면 디스토피아를 유토피아로 되돌릴 수 있다.

솔직히 나는 자본주의를 지양하든 근절하든 아무래도 상관없다. 사람들이 정신적으로나 물질적으로나 풍족하게 살 수 있다면 어떤 경제체제든 개의치 않는다. 다만 자본주의에서 벗어날 출구를 찾는 사회주의자들에게 AI와 기본소득에 의한 혁명만이 출구로 통하는 지름길이라고 알려주고 싶다.

5장

정치경제 사상과
기본소득

보수주의는 자살이나 다름없다.
가엾은 공룡들 같으니라고![18]

—존 메이너드 케인스, 『설득의 경제학』

세상의 덧없음, 봄바람에 이름을 남기고,
오늘 뒤늦게 핀 벚꽃, 흩어지는 몸은[19]

—이하라 사이카쿠井原西鶴, 『(신판) 색을 밝히는 5인의 남녀新版 好色五人女』

우익과 좌익은 대립하지 않는다

우익과 좌익의 본질

앞서 1장에서 말했듯이 기본소득은 우파나 좌파나 모두 지지하고 또한 우파나 좌파나 모두 비판한다. 이를 이상하게 여기는 사람도 더러 있을 테지만 그 의심을 해소하기 위해 일단 다양한 정치 이데올로기부터 정리해보겠다.

1990년경에 냉전이 끝나고 이데올로기의 대립 역시 끝난 듯 보였다. 하지만 21세기에 접어든 뒤 우익과 좌익의 대립은 1990년대보다도 더욱더 격렬해졌다. 예를 들면 아베 정권의 열렬한 지지자는 우익으로, 아베 정권을 비판하는 사람은 좌익으로 간주하고 인터넷을 무대로 서로 비난하며 설전을 벌인다.

그러나 우익과 좌익이 꼭 대립하는 사상은 아니다. '우익'은 다양한 의미에서 이용되는데, 중요한 본질은 바로 '민족주의 nationalism', 즉 자국과 자국민, 자기 민족을 중시한다는 점이다. 좌익 또한 다의적이지만 그 본질은 '경제적 평등의 추구'다. 따라서 자국 내에서의 경제적 평등을 추구하는 한 우익과 좌익은 대립하는 것이 아니며, 때로는 공존할 수도 있다.

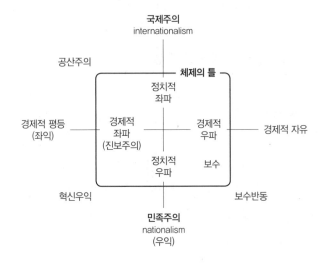

유럽에서는 사회당, 사회민주당, 노동당이라는 좌파적인 정당이 종종 정권을 잡고 자국의 노동자와 빈곤층에게 유리한 정책을 전개한다. 따라서 좌파라고 해서 반민족주의인 것도, 반체제인 것도 아니다.

그러므로 우익과 좌익은 대립축을 이루는 것이 아니라 오히려 〈도표 29〉 같은 '정치 스펙트럼political spectrum'이 수직으로 교차하는 축 위에 있다고 생각할 수 있다. '정치 스펙트럼'이란 정치적 입장을 좌표축으로 표시한 이러한 그림을 말한다.

이 도표는 세로축에 '국제주의-민족주의'를, 가로축에 '경제적 평등-경제적 자유'를 배치했다. 항상 그렇지는 않아도 경제적 평등과 경제적 자유는 자주 대립하므로 여기서는 우선 같은 축의 대극에 배치했다. 좌익은 경제적 평등을 추구하므로 도표의 좌측에, 우익은 민족주의를 추구하므로 도표 아래에 배치했다.

우익과 좌파, 보수의 차이점은?

'좌익'과 '좌파'라는 말을 의식적으로 구별하는데, 영어로는 모두 'left' 또는 'left wing'이다. 단, 일본어 용법을 살펴보면 좌파는 중도좌파, 즉 '자본주의 체제와 국가 체제의 전환을 도모하는 것이 아니라 체제의 틀 안에서 온건하게 경제적 평등을 지향하는 노력'이라는 의미가 있다.

이 책에서도 그러한 의미로 썼다. 요컨대 좌파는 달리 표현하면 '사회민주주의' 또는 '진보주의'다. 좌익은 경제적 평등을 추구하는 방향성을 의미하는 동시에 좌파도 포함한 그러한 전반적인 입장을 의미하는 것으로 보면 된다.

단, 〈도표 29〉처럼 경제적 평등을 지향하는 경제적 좌파와는 별도로 국제주의를 지향하는 정치적 좌파도 생각할 수 있다. 그러나 여기서는 단순히 경제적 평등을 지향하는 경제적 좌파를 의미하는 것으로 하자.

'우익'과 '우파'의 구분은 그것보다는 약간 까다롭다. 좌파와 마찬가지로 우파는 더 온건한 민족주의자, 다시 말해 정치적 우파를 지칭하는데, 그보다는 흔히 '경제적 평등'과 '경제적 자유'로 이루어진 대립축 위의 경제적 자유를 중시하는 입장을 의미한다. 예를 들어 흔히들 경제학자인 프리드먼을 우파라고 하는데, 그가 민족주의자라는 것이 아니라 경제적 자유를 중시하는 입장이라는 의미다.

따라서 이 책에서 단순히 우파라고 한 경우에는 '경제적 우파'를 의미한다. 혼란이 생길 법한 경우에는 온건한 민족주의자를 '정치적 우파', 경제적 자유를 중시하는 입장을 '경제적 우파'라고 부르겠다.

말이 그렇지 '우익'(민족주의)과 '좌익'(경제적 평등을 지향하는 입장)이 수직으로 교차하는데도 '우파'(경제적 우파)와 '좌파'(경제적 좌파)는 대립한다.

기묘하게도 우리는 평소에 그다지 의식하지 않고 이러한 말을 구분해서 쓴다. 이른바 '보수'는 대체로 경제적으로도 정치적으로도 우파다. 그래서 〈도표 29〉(184쪽)의 우측 아래에 위치한다. 단, '보수'는 넓은 의미로는 '체제의 틀 안에서 점진적으로 사회를 개선하는 입장'을 말한다.

영국의 사상가 에드먼드 버크▼는 1790년에 『프랑스 혁명

▼ Edmund Burke 1729(?)~1797, 아일랜드 출신의 영국 정치가, 정치철학자, 하원의원. 왕권의 제한과 의회정치의 확립에 힘쓰고, 미국 독립전쟁에서는 식민지 측을 지지했으나 프랑스 혁명에는 반대했다. 전통과 경험에 기초를 둔 영국의 제도를 옹호한 『프랑스 혁명에 관한 성찰』은 계몽적 합리주의를 부정하는 근대 보수주의의 고전으로 유명하다. 기타 저서로 『숭고와 아름다움의 이념의 기원에 대한 철학적 탐구』 등이 있다.

에 관한 성찰』에서 프랑스 혁명의 체제 전복을 비판해 보수주의의 현대적인 기원이 되었다. 그러므로 체제를 유지하는 세력(그림의 틀 안)은 전부 넓은 의미로는 보수다. 에다노 유키오枝野幸男 중의원이 2017년에 입헌민주당을 창당했을 때 자신이 진보적인 보수주의자라고 한 말은 그 의미에서 옳다.

그래도 '보수'는 넓은 의미가 아니라 좁은 의미로 쓰일 때가 많으므로 이 책에서도 그런 의미로 쓰겠다. 다시 말해 단순히 '보수'라고 한 경우 경제적으로도 정치적으로도 우파라는 뜻이고, 넓은 의미로 쓴 경우에는 '버크류의 보수'라는 말이다.

공산주의와 인터내셔널

좁은 의미의 '보수'와 대극에 있는 것이 〈도표 29〉의 좌측 위에 위치한 '공산주의'(마르크스주의)다. 공산주의는 특히 처음에는 단순히 경제적 평등을 지향했을 뿐만 아니라 국제적인 운동으로서 전개되었으므로 국제적이기도 하다.

공산주의가 가진 국제적인 측면은 마르크스와 엥겔스가 1848년에 펴낸 『공산당 선언』의 "노동자에게는 조국이 없다"라는 말에 집약되어 있다. 그들은 전 세계의 노동자가 단결해서 자본가에게 대항해 일으키는 혁명을 제창했다.

마르크스와 엥겔스는 1864년에 설립된 '제1인터내셔널The First International'이라는 국제적인 사회주의 운동 조직에 참여한다. 마르크스는 이 조직의 대표자는 아니었으나 '제1인터내셔널 창립선언'을 기고했으며, 강력한 영향력을 발휘했다.

이어 1889년에는 '제2인터내셔널'이, 1919년에는 '제3인터내셔널'이 조직된다. 러시아 혁명이 성공하자 레닌이 이끄는 '볼셰비키당'이 제3인터내셔널에서 주도적인 지위를 차지했다.

레닌이 사망한 후 벌어진 후계자 쟁탈전에서 스탈린이 세계혁명(영속혁명론▼)을 지향한 트로츠키를 내쫓고 선진자본주의 국가인 유럽에서 사회주의 혁명이 일어나지 않아도 사회주의 건설이 가능하다는 이른바 '일국사회주의론'을 확립한다. 이로써 소련의 공산주의는 국제적인 측면을 상실했다.

트로츠키는 스탈린의 사회주의를 '민족사회주의'라고 비판했다. 이 비판이 옳을까? 이 책의 용법에 따르면 스탈린은 우익이자 좌익이다.

이를 통해서도 좌익의 본질은 인터내셔널(국제, 세계)이 아니라 민족주의라는 의미의 우익과도 반드시 대립하지는 않음을 알 수 있다.

그리고 세계 최초의 사회주의 정권인 파리 코뮌▼▲이 발족할 때(1871년)에 만들어진 〈인터내셔널〉▼▲▼이라는 노래가 러시아

▼ **永続革命論** theory of permanent revolution, 트로츠키가 제창한 혁명론. 당시의 러시아 같은 저개발국에서는 프롤레타리아가 부르주아 혁명을 추진해 필연적으로 프롤레타리아 혁명으로 이행하지만, 사회주의 혁명의 최종적 승리는 산업국의 프롤레타리아 혁명운동을 촉진하고 지원해서 각국에서의 혁명이 성공하여 세계혁명에 이르러야 비로소 가능하다는 이론.

혁명 직후인 1922년에 소련의 국가國歌로 채택된다. 하지만 스탈린이 지배했던 1944년에 〈조국은 우리를 위해〉로 변경된다. 조국이 없는 노동자가 조국을 가진 것이다.

우익, 좌익이라는 말의 변질

'우익'과 '좌익'이 꼭 대립하지는 않는다. 그러나 '우익'과 '좌익'만큼 여러 번 의미가 변천한 말은 없으며 처음부터 〈도표 29〉(184쪽)처럼 수직으로 교차했던 것은 아니다. 원래 우익은 '보수', 좌익은 '혁신'이라는 의미로 명확히 대립해왔다.

흔히 '우익'과 '좌익'이라는 말의 기원은 프랑스 혁명이라고 한다. 프랑스 혁명 초기에는 기존의 지배체제인 절대왕정을 유지하려는 왕당파를 우익, 입헌군주제로 혁신하려는 세력을 좌익이라고 했다. 1789년 9월의 '국민회의'에서 전자의 의원은 회의장의 우측에 앉고, 후자는 좌측에 앉았기 때문이다.

이듬해인 1790년에는 이미 왕당파는 사라지고, 입헌군주

▼▲ **Commune de Paris**　1871년 3월 28일~5월 28일, 파리 시민과 노동자들의 봉기로 수립된 혁명적 자치정부로서 시정부를 장악하고 군대까지 조직해서 '피의 일주일'이라는 참혹한 시가전을 벌였다. 비록 3만여 명의 희생자를 내고 7일 천하로 끝나고 말았으나 정치의 중심으로 등장한 노동자계급은 제빵공의 야간작업 폐지, 온갖 구실로 벌금을 물리는 고용주에 대한 과태료 부과, 폐쇄된 작업장과 공장을 노동자협동조합에 양도, 공창제의 폐지, 무상교육, 임차인과 영세상인을 위한 보호조치 등의 다양한 정책을 시행했다.

▼▲▼ 사회주의자이자 운수노동자이며 시인이었던 프랑스의 외젠 포티에Eugène Pottier(1816~1887)가 파리 코뮌을 기념하려고 1871년에 쓴 시에 1888년 프랑스인인 피에르 드제이테Pierre De Geyter(1848~1932)가 곡을 붙인 노래. 제목의 인터내셔널은 사회주의자들의 국제조직 '사회주의 인터내셔널'을 뜻한다.

파가 우측에 앉고 세력을 늘린 공화파가 좌측에 앉았다. 이때
는 전자가 우익, 후자가 좌익이다. 입헌군주파는 왕정을 유지
하면서 의회제 민주주의를 지향하는 세력이고, 공화파는 왕
정을 폐지하려는 세력이다.[20] 우익, 좌익의 의미가 눈이 핑핑
돌 정도로 빠르게 바뀌는 점에 주의하기 바란다.

마침내 1792년에 왕정이 폐지되고 제1공화국이 수립된 동
시에 남성에 한한 보통선거가 제도화되자 비록 남성에 한해
서이기는 해도 정치적 자유와 평등, 경제적 자유를 어느 정도
달성했다.[21] 그러나 제1공화국은 경제적 평등은 지향하지 않
아서 당시 부유층의 이익을 보호하는 체제였다. 이때 이러한
부르주아 체제를 지지하는 공화파가 보수였고, 의석의 우측
을 차지해서 우익이 되었다. 그리고 경제적 평등의 달성을 지
향하는 자코뱅파는 혁신을 주창하는 좌익이 되었다.

단, 좌익이라고 해도 체제 전환을 도모하지는 않았으므로
이 책의 용법에 따르면 좌파에 불과하다. 다른 쪽의 공화파는
우파이며 보수다. 경제적 자유를 유지하려는 우파와 경제적
평등을 지향하는 좌파라는 대립축의 원형은 이 시대의 프랑
스에서 이미 나타났다고 할 수 있다.

한편 평등주의자인 프랑수아 노엘 바뵈프˘가 1796년에 혁
명을 계획한다. 비록 사전에 발각되어 단두대에서 처형당하
고 말았으나 그는 사유재산을 폐지하고 생산수단을 공유해
평등한 사회를 목표로 하는 이데올로기라는 의미에서의 '공

190

산주의'라는 말을 최초로 쓴 인물이다. 따라서 바뵈프는 체제를 전환하고 경제적 평등을 지향하는 공산주의의 선구자라고 할 수 있다. 이후 좌익은 대략 사회주의자와 공산주의자를 지칭하는 의미로 굳어졌다.

한편 우익은 복고주의, 전통주의라는 의미를 고수하면서도 19세기 말경부터 민족주의와 자국민 제일주의, 국가주의라는 의미를 강하게 띠었으므로 우익과 좌익은 수직으로 교차하기 시작한다.

그리고 프랑스의 국기인 삼색기, 프랑스어로 '라 트리콜로르La Tricolore'는 '자유, 평등, 우애'를 상징한다. 우애는 기독교적 박애가 아니라 국민의 동지애와 동맹의식, 즉 민족주의를 의미한다.

'자유, 평등, 우애'는 프랑스 혁명의 구호이며 처음에는 모든 혁신세력이라는 의미에서의 좌익이 추구했다. 이윽고 경제적 자유는 우파, 우애(즉 민족주의)도 우익이 지향하기에 이르렀으나 이들은 경제적 평등만큼은 달성하지 못했으므로 이는 줄곧 좌익의 목표였다.

▼ François Noël Babeuf   1760~1797. 프랑스의 혁명가이자 사상가로 보통 그라쿠스 바뵈프Gracchus Babeuf로 불린다. 로베스피에르가 몰락한 뒤 부르주아 공화파에 도전해 「호민관護民官」지를 발행했다. 자코뱅파가 부르주아지의 쿠데타로 밀려난 뒤 바뵈프가 이끄는 평등파가 교육과 취직의 기회 균등, 토지 사유의 제한, 생산물과 배당·분배의 국가관리, 재산의 평등을 주장하며 '평등 공화국'을 건설하기 위한 무장봉기를 꾀했다. 이 시도는 비록 실패했지만 19세기 유럽의 근대 사회주의 사상과 운동의 시발점이 되었다.

전쟁 전의 우익과 좌익

일본에서는 우익, 좌익의 의미가 유럽과 미국보다 약간 복잡하다. 우선 메이지유신이 영어로는 'Meiji Restoration'(메이지 복고)인 것에서도 알 수 있듯이 복고적(우익적)이다.

하지만 기존의 지배체제인 에도 막부를 타도하고 더군다나 양이攘夷(서양 오랑캐) 때문에 개국과 동시에 유럽화 정책으로 전환했으므로 혁신적(좌익적)이라고도 할 수 있다.

훗날 기독교 사상가인 우치무라 간조▼와 사상가이자 혁명가인 기타잇키▼▲는 메이지유신을 '유신혁명'이라고 불렀는데, 이 말에는 '복고적'(우익적)이고 '혁신적'(좌익적)이라는 의미가 담겨 있다.

요컨대 일본에서는 도쿠가와 정권을 유지하려는 세력이 고작 2년간의 보신전쟁▼▲▼으로 사라져버렸기 때문에 구체제를 유지하려는 입장이라는 의미에서 우익은 확립되지 않았다.

▼ **内村鑑三** 1861~1930, 후루가와古河 기계금속주식회사에서 유출된 광독鑛毒 때문에 와타라세 강渡良瀬川 유역의 광대한 농지가 오염되어 메이지 중기부터 후기까지 큰 사회문제가 된 일명 아시오足尾 구리광산 광독사건의 실태를 세상에 알리고 사회정의를, 러일전쟁 때는 반전론을 주장했다. 오로지 성서에 입각한 '무교회주의'를 제창했으며, 주요 저서로 『기독교 신도의 위로基督信徒の慰め』, 『구안록』, 『대표적 일본인』, 『우치무라 간조의 창세기 연구』 등이 있다.

▼▲ **北一輝** 1883~1937, 일본 국가주의 운동의 이론적 지도자로 박정희와 5·16쿠데타의 사상적 배경이 되었다고 한다. 흑룡회黑龍會에 가담해 신해혁명辛亥革命이 일어나자 중국으로 건너가서 혁명운동을 지원했다. 쿠데타에 의한 국가개조를 주장해 니시다 미츠기西田税, 황도파皇道派의 청년 장교들에게 영향을 주었다. 2·26사건의 반란수괴로서 사형판결을 받았다. 주요 저서로 『일본개조법안대강日本改造法案大綱』, 『지나혁명외사支那革命外史』 등이 있다.

한편 메이지유신 이후 급속히 유럽화를 꾀했으므로 이에 항거하는 민족주의라는 의미에서의 우익이 빠르게 조성된다.

민족주의라는 의미에서의 우익사상의 기원은 사이고 다카모리,▼▲▼ 요시다 쇼인,▼▲▼▲▼ 나아가서는 그들에게 영향을 받은 '미토학'▼▲▼▲▼▲ 까지 거슬러 올라갈 테지만 일반적으로 아시아주의자인 도야마 미쓰루▼▲▼▲▼▲▼ 라고 여긴다. '아시아주의'란 유럽에 대항해 아시아 국가들의 연대를 노린 우익운동으로,

---

▼▲▼ **戊辰戰爭**　도바·후시미 전투鳥羽·伏見の戰가 발단이 된 유신정부군과 구막부파의 사이에서 1868년 1월부터 1869년 5월까지 벌어진 내전이다. 왕정복고로 성립한 신정부가 반항하는 번군과 막부의 잔존세력을 무력으로 평정해 봉건적 질서를 해체하고 통일국가의 기초를 다져서 근대적 국민국가가 수립되는 계기가 되었다.

▼▲▼▲ **西鄕隆盛**　1827~1877, 오쿠보 도시미치大久保利通, 기도 다카요시木戸孝允와 함께 메이지 유신의 3걸로서 도쿠가와 막부 시대를 종식하고 천황 중심의 왕정복고를 성공시키는 데 절대적인 역할을 했다.

▼▲▼▲▼ **吉田松陰**　1830~1859, 에도 시대 말기의 군사학자이자 사상가이며 교육자다. 메이지 유신을 이끄는 데 중추적인 역할을 한 총리 두 명과 장관 네 명 등 걸출한 인물들을 배출한 사설학당인 쇼카손주쿠를 설립한 인물이다. 이토 히로부미도 이 학교 출신이다. 요시다 쇼인의 저서 『유수록幽囚錄』에는 조선을 정벌해야 한다는 정한론은 물론이고 훗날 2차 세계대전의 근거가 되는 대동아공영권 이론도 담겨 있어 일본 우익의 이론적 토대를 제공했다. 기타 저서로 맹자에 관한 해석과 견해를 정리한 『강맹여화講孟余話』, 『유혼록留魂錄』 등이 있다.

▼▲▼▲▼▲ **水戸學**　에도 시대 미도번水戸藩의 번주 도쿠가와 미쓰쿠니徳川光圀의 『대일본사大日本史』의 편찬을 발단으로 융성한 학파. 도쿠가와가의 쇼코칸彰考館에 대대로 전해져온 유학과 사학을 기반으로 국학, 사학, 일본 고유의 전통신앙인 신도神道를 결합시켰다. 후지타 유코쿠藤田幽谷에서 그의 아들 후지타 도코藤田東湖에게 계승되어 덴포天保(1830~1844년)의 번제藩制 개혁기에 정치사상으로 발전해 막부 말의 존왕양이 운동에 지대한 영향을 주었다. 일본사에서의 권력의 정통성 문제에 강한 관심을 보이는 점이 특징이다.

▼▲▼▲▼▲▼ **頭山滿**　1855~1944, 일본 최초의 우익단체 겐요샤玄洋社의 창시자. '겐요샤'는 아시아를 선진화시킨다는 명목으로 앞장서서 대마도와 홋카이도, 오키나와를 병탄했고, 그 경험을 바탕으로 1910년 대한제국의 병탄과 중국의 신해혁명은 물론 일본의 어용국가인 만주국 건설에도 공을 세웠다. 명성황후 시해 사건의 배후조정자이며, 중국의 쑨원과 장제스, 조선의 김옥균을 비롯해 아시아의 개혁파와 혁명가를 지원하기도 했다.

말하자면 반유럽화 운동이다.

민족주의가 아시아주의와 일체가 되었던 점이 일본 우익운동의 독자성이다. 그러나 그것은 훗날 대동아공영권으로도 이어지는 위태로운 일체성이기도 했다.

도야마는 한창 자유민권운동을 전개하다가 아시아주의를 내건 단체 '겐요샤'의 총수總帥로 취임한다. 삿초薩長(현재 가고시마 현의 서부) 출신의 정치가에 의한 전제정치인 '관료 전제'가 이루어졌던 당시의 상황을 감안하면 자유민권운동은 좌익운동(혁신이라는 의미의 좌익)으로 평가할 수 있다.

프랑스 혁명기와 마찬가지로 일본에서도 민족주의는 처음에는 혁신세력이라는 의미에서 좌익의 이념이었다. 이 혁신운동은 아시아주의와 자유민권운동까지 뒤범벅된 상태였으므로 심지어 사회주의의 모체이기도 하다. 그 발로가 도야마 미쓰루와도 협력하는 관계였던 아시아주의자 다루이 도키치▼가 1882년에 설립한 일본 최초의 사회주의 정당인 '동양사회당'이다.

결국 우익(민족주의)과 좌익(경제적 평등의 추구)은 일본에서는

▼ 樽井藤吉 1850~1922, 정치가, 사회운동가로서 자유민권운동에 참여했고, 조선독립당의 김옥균을 도왔다. 조선에서 임오군란, 갑신정변으로 친일파가 후퇴하자 자유당 좌파의 오이 겐타로大井憲太郎 등이 계획한 조선의 내정개혁 시도인 '오사카 사건'에 연루되어 체포되었다. 특히 조일 양국을 합병해서 대동국大東國을 만들고 청나라와 연합해서 서양 열강의 침략에 저항해야 한다는 대아시아주의를 골자로 한 저서 『대동합방론大東合邦論』은 조선 병탄의 방법론을 제시해 그 이념적 무기가 되었다는 평가를 받는다.

원래 같은 뿌리의 운동이자 사상이므로 적어도 메이지 중기 정도까지는 명확히 구별할 수 없다.

사회주의 운동이 퇴조하는 계기였던 1910년의 대역사건[▼] 후 우익에서는 미노베 다쓰키치[▼▲]의 천황기관설을 비판한 우에스기 신키치[▼▲▼] 등의 '관념 우익'이 세력을 늘렸다. '관념 우익'은 국수주의, 천황 중심주의이며, 일본 전시체제의 확립에 큰 영향을 주었다.

좌익에서는 소련 정부의 후원을 받아 일본에서의 혁명을 노리는 '코민테른 일본지부준비회'가 1921년에 설립되어 국제적인 성격을 띤 공산주의가 발흥했다.

전쟁 전의 공산주의와 관념 우익은 단체라는 논점에서는 완전히 상충하는 존재다. 요컨대 전자는 천황제의 폐지를 기도했고, 후자는 천황이 절대적인 주권을 가져야 한다고 생각했다.

[▼] **大逆事件** 1910년 5월 다수의 사회주의자, 무정부주의자가 메이지 천황 암살을 계획했다는 이유로 검거당해서 24명이 사형판결을 받은 사상탄압 사건. 고토쿠 슈스이后德秋水를 비롯한 12명은 이듬해 처형당하고 나머지는 무기징역으로 감형되었다. 그러나 사건의 진상은 일부 무정부주의자가 천황 암살을 모의했다는 구실로 무정부주의, 사회주의를 근절하고자 전국적으로 거대한 음모단이 존재한다고 날조한 것이었다.

[▼▲] **美濃部達吉** 1873~1948, 천황기관설 때문에 군부와 우익의 탄압을 받고 불경죄로 고소당한 헌법학자이자 행정법학자다.

[▼▲▼] **上杉慎吉** 1878~1929, 헌법학자이자 도쿄제국대학 교수를 역임했다. 천황주권설을 제창하고 국가주의 운동의 지도자로서 흥국동지회興國同志會, 메이린학맹經綸學盟, 일곱 번 고쳐 죽어도 천황을 위해 살겠다는 '시치세이샤七生社', 건국회 등 우익단체의 사상적 지주가 되었다.

이렇게 우익과 좌익을 분리하는 한편 양자의 융합도 도모했다. 전쟁 전 우익의 대표적인 조류로서 '아시아주의', '관념우익' 외에 체제의 전환(국가 개조)을 목표로 하는 '혁신 우익'이 있다.

혁신은 좌익이므로 '혁신 우익'은 '좌익·우익'이라는 의미여서 언뜻 보면 어휘가 모순인 듯도 싶다. 하지만 우익과 좌익이 수직으로 교차하는 것을 기억하면 전혀 모순이라는 생각이 들지 않을 것이다.

혁신 우익의 사상가인 기타잇키에 관해 이제껏 무수히 우익이냐, 좌익이냐 논쟁하며 좌익을 위장한 우익이라든가, 우익을 위장한 좌익이라고 했다. 그런 어리석은 논쟁은 집어치우자. 기타잇키는 우익이자 좌익이기도 하며 그 사실에 거의 모순은 없다.

기타잇키는 민족주의자이자 군국주의자였던 동시에 평등한 민주주의 국가를 이상으로 여겼다. 1923년에 출판된 『일본개조법안대강日本改造法案大綱』에서는 앞장서서 기본적 인권의 존중, 언론의 자유, 치안유지법의 폐지, 화족華族(메이지 이후의 특권적 귀족층)과 귀족원의 폐지, 남녀평등, 농지개혁, 사유재산의 제한 등을 주장했다.

기타잇키가 독특한 것은 그러한 민주주의 국가의 실현을 위해 천황을 대의명분으로 이용한 쿠데타를 계획했기 때문이다. 그것이 이른바 '쇼와유신'▼으로 알려진 운동 중 하나다.

기타잇키는 직접 관여하지 않았으나 그의 영향을 받은 육군 황도파皇道派의 청년 장교가 2·26사건을 일으켜서 쇼와유신을 실현하려다가 실패로 끝나는 바람에 처형당했다. 이를 계기로 육군에서는 통제파가 패권을 쥐었고, 관념 우익의 천황 중심주의와 더불어 전시체제를 완성했다.

종전 후의 우익과 좌익

쇼와유신의 실패로 혁신 우익은 쇠퇴했으나 2차 세계대전 후 기타잇키가 주장한 많은 제도를 연합국총사령부General Headquarters(GHQ)가 도입했다. 연합국총사령부가 기타잇키의 『일본개조법안대강』을 참고했다는 설도 있으나 확실치는 않다.

어쨌거나 기타잇키는 이른바 정치적으로는 패배했어도 사상적으로는 승리한 셈이다. 과장해서 말하면 종전 후의 일본 사회는 기타잇키 사상의 범주에 있다. 단, 기타잇키의 군국주의적인 면은 완전히 도려냈다.

그 점을 주권국가의 결함으로 불만스럽게 생각한 미시마 유키오三島由紀夫가 2·26사건을 재현하는 심경으로 일으킨

▼ 昭和維新   1930년대 전반에 메이지 유신을 본떠서 일본의 우익운동이 주장한 국가의 혁신. 국내 제도의 개편을 일컫는다. 2·26사건에 이르는 국내 제도 개편운동의 표어가 되었으며, '황도유신皇道維新'이라고도 한다. 그러나 원로·중신·정당·재벌을 배제하고 천황 중심의 정치체제 수립을 기도했으나 구체적인 개혁의 목표와 계획이 없어서 구호에 그쳤다.

것이 자위대에 쿠데타를 촉구한 이른바 미시마 사건▼이다.

종전 후 혁신 우익만이 아니라 재야의 우익운동은 전체적으로 쇠퇴했다. 두말할 나위도 없이 우익세력이 중일전쟁과 태평양전쟁을 이끌고 일본을 파멸 직전까지 몰아넣었기 때문이다.[22]

한편 좌익은 종전 후 대단히 융성했는데 일본에서는 독자적인 진화를 이룩했다는 점에 주의하자. 다시 말해 우익세력이 중일전쟁, 태평양전쟁을 이끌었다는 반성에서 종전 후의 좌익세력은 '반자본주의'와 함께 '반민족주의'에 중점을 두었다. 소련에서조차 스탈린 이후 민족주의로 전향한 것과는 대조적이다.

좌익운동 역시 1970년대에 접어들자 아사마 산장 사건,▼▲ 산악 베이스 사건▼▲▼을 계기로 쇠퇴한다. 제2차 산업혁명의 성과인 냉장고와 세탁기 등의 전자제품이 일본의 모든 가정에

▼ 1970년 11월 25일 오전 10시 45분, 미시마 유키오는 부하들을 이끌고 도쿄 시내 육상자위대 총감부에 난입해 총감을 인질로 잡고 미일안보조약과 헌법 개정을 요구하고 쿠데타를 촉구하는 이른바 '이치가야 연설'을 했다. 그러나 자위대원들이 야유를 퍼붓자 '이제 자위대에 대한 꿈은 사라졌다', '천황 폐하 만세'를 외친 뒤 총감실에서 할복했다.

▼▲ 浅間山莊事件 1972년 2월 나가노 현 가루이자와軽井沢의 휴양소인 '아사마 산장'에서 관리인의 부인을 인질로 농성을 벌이던 연합적군連合赤軍 5명이 출동한 경찰과 총격전을 벌이다가 체포된 사건.

▼▲▼ 山岳ベース事件 1971~1972년에 걸쳐 이른바 '총괄総括'이라는 정치적 반성행위를 하다가 잔인한 폭력을 행사해 연합적군 29명 중 12명을 살해한 사건. 연합적군의 리더 격인 주범 나가타 히로코永田洋子는 재판 도중 동료를 폭행해서 살해한 과정을 자세히 묘사한 『16명의 표석』이라는 책을 출간해서 화제가 되기도 했다.

보급되어 산업국 같은 풍요로운 사회를 이룩한 것이 그 배경이었다. '빈곤을 낳는 자본주의'가 타도의 대상은 아니었기 때문이다.

나아가 1990년경 사회주의권의 붕괴로 자본주의를 대신하는 대안적인 체제의 비전을 잃어버린 좌익은 반민족주의의 색채를 강하게 띤다. 그러나 내가 보기에 그것은 좌익 본연의 일은 아니다.

과도한 민족주의와 외국의 사물이나 사상을 배척하는 민족주의는 당연히 경계해야 하지만 일본 국민의 동맹의식까지 부정한다면 반민족주의 역시 지나치다.

올림픽에서 메달을 획득할 때마다 기뻐서 열광하는 사람들에게 '메달리스트가 대단할 뿐이지 일본인이 대단한 것도, 심지어 여러분이 대단한 것도 아니다'라며 상투적인 말로 찬물을 끼얹는 것이 과연 좌익의 본업일까?

거듭 말했듯이 본래 좌익은 우익과 수직으로 교차하므로 반드시 민족주의에 대항할 필요는 없다. 일본의 좌익은 경제적 평등의 추구라는 본래의 입장으로 돌아가야 한다.

분명 오늘날의 좌익은 경제적 평등의 추구라는 의미에서는 신자유주의에 반대한다는 기치를 내걸었다. 그러나 나중에 설명하겠지만 그것은 종전 후의 옛날 보수라는 입장과 별반 다르지 않으며, 특히 젊은이들에게 희망의 깃발이 될 수 없다.

우파와 좌파가 모두 기본소득을 지지하는 이유

신자유주의 대 좌익

20세기 말 이후의 정치경제 사상은 종래의 '우익-좌익'이라는 이데올로기의 대립에 '신자유주의-반신자유주의'라는 대립이 더해져 더욱 복잡해진다. 좌익은 대체로 반신자유주의지만 우익이 꼭 신자유주의인 것은 아니므로 양자의 대립은 으레 어긋난다.

민족주의라는 의미에서의 우익과 반민족주의라는 의미에서의 좌익의 대립보다도 이 '신자유주의-반신자유주의'의 대립이 더 현대적이며 본질적이기도 하다. 하지만 나는 양자의 대립을 극복해야 한다고 본다.

〈도표 29〉(184쪽)의 세로축을 〈도표 30〉처럼 '진보주의'(정치·사회적 자유)와 '권위주의'의 대립축으로 교체하자. 예를 들어 권력이나 위력으로 한목소리를 내라고 강제하는 것이 권위주의이며, 개인의 자유라고 생각하는 것은 진보주의다. 혹은 남녀동등권과 LGBT▾의 권리를 인정하지 않는 것은 권위주의이며, 인정하는 것은 진보주의다.

우익은 권위주의이며 이 스펙트럼에서도 우익과 좌익은 수

▼ **LGBT** 레즈비언lesbian과 게이gay, 양성애자bisexual, 트랜스젠더transgender의 앞 글자를 딴 것으로 성소수자sexual minority를 뜻한다.

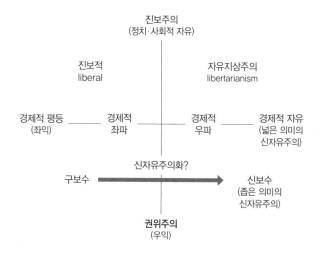

〈도표 30〉 **낡은 보수와 새로운 보수의 차이**

직으로 교차한다. 한편 경제적 평등과 정치·사회적 자유를 모두 주장하는 '진보주의'와 경제적 자유를 주장하는 동시에 권위주의자이기도 한 '신보수주의neoconservative'는 정반대의 위치에 있다. 이는 좌익에서 전향한 뉴욕의 지식인을 중심으로 일어난 약간 특수한 이데올로기를 가리킨다.

　여기서 말하는 '신보수주의'는 넓은 의미를 내포하며, 구체적으로는 마거릿 대처와 로널드 레이건, 나카소네 야스히로中曾根康弘 등의 사상과 정책을 가리킨다. 그들은 국유기업의 민영화나 규제완화를 추진하는 한편 전통적인 가치관을 중시하는 권위주의자였다.

'자유지상주의'는 신보수주의와 종종 혼동한다. 분명 경제적 자유에 관해 논하는 한 양자는 같은 것으로 간주하지만 자유지상주의는 정치·사회적 자유를 중시하는 점에서 신보수주의와는 다르다.

가령 자유론자libertarian는 프리드먼처럼 징병제도에 반대하는데 신보수주의는 징병제도에 긍정적인 경우가 많다. 징병은 국가가 개인의 자유로운 행위를 침해하는 것이므로 자유론자는 기피한다. 또는 동성애에 관해 자유주의자는 개인의 자유라고 생각하지만, 신보수주의자는 전통적 가치관을 바탕으로 부정한다.

미국에는 대통령 후보(개리 존슨Gary Johnson)를 배출한 자유주의당이라는 소수 정당이 있다. 이 정당도 당연히 징병제에 반대한다. 그뿐만 아니라 술과 담배의 연령에 따른 규제와 마약 규제는 물론이고 동성애와 일부다처를 포함한 어떠한 성애性愛도 전적으로 개인의 의지에 맡겨야지 규제해서는 안 된다며 모든 정치적·경제적 자유를 관철하려고 한다.

'신자유주의'는 넓은 의미로는 정치적 자유는 따지지 않고 경제적 자유를 중시하며, 자유지상주의에서 신보수주의까지를 포괄하는 넓은 개념이다.

한편 신자유주의는 좁은 뜻으로는 신보수주의를 가리킨다. 이를 '협의의 신자유주의'라고 하겠다. 다시 말해 신보수주의는 곧 협의의 신자유주의이며, 좀더 알기 쉽게 말하면 '채찍질지상주의'다.

일본에서는 자유지상주의라는 사상의 수입에 실패했으며 미국과는 달리 골수 자유주의자가 거의 존재하지 않는다. 작은 정부를 지향하면서도 징병제도에 찬성하는 패거리뿐이다. 그래서 자유지상주의와 좁은 뜻의 신자유주의, 즉 신보수주의를 자주 혼동한다.

겉보기에 아무리 자유론자가 협의의 신자유주의와 비슷하더라도 사고방식mentality은 전혀 다르다. 타인을 채찍질하는 쓸데없는 참견에 반대하는 것이야말로 자유지상주의의 본질이다. 니트족에게 일하라고 말한 순간 그 사람은 자유주의자가 아니다.

그 점에 주의하여 단순히 '신자유주의'라고 한 경우에는 자유지상주의에서 신보수주의까지 포괄하는 넓은 개념으로 치겠다.

그러면 좌익의 위치에서 볼 때 신자유주의는 정반대편에 있으므로 반신자유주의를 내건 좌익이 신자유주의를 비판하는 것은 이치에 맞다.

단, 최근 '신자유주의'가 편리한 꼬리표로 자주 이용되어서 문제다. 이를테면 '리플레파˙는 신자유주의다'라고 비판하는데, 일반적으로 리플레파는 금융정책을 중심으로 재정정책도 이용해서 통화량의 축소에 따른 불황에서 탈출하는 것을 목표로 하므로 신자유주의와는 대극에 있다. 또한 '리플레'는

'리플레이션'(통화 재팽창)의 줄임말이다.

　신자유주의자라면 시장경제의 자율적인 작용으로 경제문제는 저절로 해결되므로 금융정책도 재정정책도 필요 없다고 주장할 것이다. 본래 리플레는 좌익이 긍정해야 하는 정책인데 일본에서는 그렇지 않다. 신자유주의를 종종 안이한 꼬리표 붙이기에 이용하는 것도 모자라 잘못 쓰기까지 한다.

일본은 신자유주의화하는가?

그 이유는 간략히 말해서 자민당 정권이 장기적으로 신자유주의화해왔기 때문이라는 사실을 부정할 수가 없다. 이제까지 국철과 일본 전신전화공사電電公社, 우정사업 등을 민영화했고, 소득세의 최고세율은 1974년의 75퍼센트에서 단계적으로 인하되어 지금은 45퍼센트가 채 못 된다.

　1970년대경까지의 자민당 정권을 구보수라고 한다면 그것은 〈도표 30〉(201쪽)처럼 1980년대 이후 신자유주의화하여 신보수주의로 전환했다.

　단, 자민당이 아주 단순하게 신자유주의화했느냐면 그렇지도 않다. 예를 들어 재정정책, 금융정책, 성장전략이라는 세

▼ リフレ派　1990년대 후반부터 본격화한 일본의 디플레이션을 둘러싸고 대담한 금융완화를 주축으로 한 경기부양책을 주장한 경제학자들을 일컫는다. 리플레이션reflation은 디플레이션에서 벗어났어도 인플레이션에는 아직 도달하지 않은 상태지만 완만한 인플레이션을 계획적으로 유발해서 경기를 자극하는 경제정책을 말한다.

개의 화살로 이루어진 아베노믹스는 리플레파의 생각을 도입했으므로 반신자유주의적이다.

〈도표 31〉에서는 가로축에 '경제적 자유-경제적 통제'를, 세로축에는 '경제적 평등-경제적 불평등'을 배치했다. 전쟁 전의 자유방임경제는 지금으로 말하면 신보수주의에 가깝고, 경제적 자유와 불평등을 허용하는 체제였다.

1930년대에 혁신 관료 등은 전쟁에 대비한 준비로서 통제 경제정책을 시행했다. 이것이 경제적 통제라는 의미에서는 소련형 사회주의에 가까운 점에 주의하자. 실제로 혁신 관료는 소련을 모방해서 만주에서 5개년 계획을 실시했다.

통제경제는 전시 중에 완성에 이르렀으며, 종전 후까지 계속된 이 통제적인 경제체제를 히토쓰바시一橋대학의 노구치 유키오▼ 명예교수는 '1940년 체제'라고 명명했다.

기타잇키 등은 경제적 평등이 따라오는 통제경제를 꿈꿨으나 그것에 가까운 체제가 실현된 것은 역시 종전 후다.

기시 노부스케▼▼가 기타잇키의 사상을 배우고 종전 후에 그의 구상을 실현하려고 했던 얘기는 유명하지만 그를 포함한 구보수는 어느 정도의 통제와 어느 정도의 평등을 실현하려

▼ 野口悠紀雄 1940~, 일본을 대표하는 경제학자. 대장성에 있다가 사이타마埼玉대학 조교수 등을 거쳐 도쿄대학 첨단과학기술연구센터 교수, 도쿄대학 첨단경제공학연구센터장을 역임했다. 현재 와세다대학 파이낸스종합연구소 고문이자 히토쓰바시대학 명예교수다. 주요 저서로 『가상통화 혁명』, 『비트코인 & 블록체인의 미래』 등이 있다.

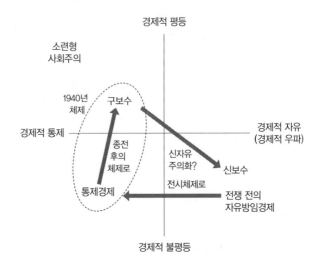

〈도표 31〉 **1940년 체제로부터의 탈피**

경제적 평등

소련형
사회주의

1940년
체제

구보수

경제적 통제 —————————————— 경제적 자유
(경제적 우파)

종전
후의
체제로

신자유
주의화?

신보수

통제경제

전시체제로

전쟁 전의
자유방임경제

경제적 불평등

고 했다.

　경제적 통제의 극단적인 예로서 일국一國의 경제 전체를 중
앙당국이 통제하는 소련형 사회주의가 있다. 그러나 소련형
사회주의는 적어도 이념으로서는 경제적 평등을 지향했다.
단, 이 경우의 평등은 자본가에 의한 착취가 없고 공정하다는
의미에서지 소득이 같다는 의미는 아니며, 실제로는 자본가

▼▲ **岸信介**　1896~1987, 만주국에서 공업과 기초산업의 확립을 목표로 산업개발 5개년 계
획을 실현해 만주경제의 군사화를 지도한 정치가다. 종전 후 A급 전범 혐의로 체포되었으나
불기소처분을 받았다. 일본재건연맹을 조직하고 일본민주당의 창립에 참여했으며 자유민주당
수상으로 취임했다. 1960년 미·일 안전보장조약의 개정을 추진, 국회 비준을 강행해 국민의
비난을 받고 수상직에서 물러났다. 현 수상인 아베 신조의 외조부다.

를 대신해서 정치가와 관료가 인민을 착취했다.

구보수가 추구하는 방향의 끝에는 이념으로서의 소련형 사회주의가 있다. 종전 후의 일본을 '성공한 사회주의'라고 하는 것은 당연하다. 원래 목적과 같은 방향으로 가고 있기 때문이다. 당연히 종전 후 일본의 체제와 소련형 사회주의에는 상당한 차이가 있다.

그리고 1980년대 이후 구보수에서 신보수로 전환하는데, 이는 경제적 자유화와 불평등화로 가는 흐름으로 평가한다.

프랑스의 경제학자 토마 피케티는 이 세계적인 흐름을 전쟁 전의 자유방임경제의 격세유전隔世遺傳이라고 갈파했다.

자본주의의 황금시대라고도 하는 1950~1960년대에는 많은 산업국에서 격차가 줄어들었으나 1970년대 이후는 격차가 확대된다.

진보적 자유지상주의

2017년에 19~29세 젊은이의 절반 이상이 민진당民進黨을 보수, 자민당과 유신회維新の會를 진보로 본다는 충격적인 뉴스가 인터넷에 떠돌았다.[23] 분명 〈도표 32〉에서 반신자유주의를 내건 좌파는 구보수에 가까운 입장이다. 그에 비해 보수 정당인 자민당은 혁신가처럼 행동한다. 실제로 아베 정권에서는 '일하는 방식의 개혁'이나 '인재양성 혁명' 등의 변혁적 구호를 내걸었다.

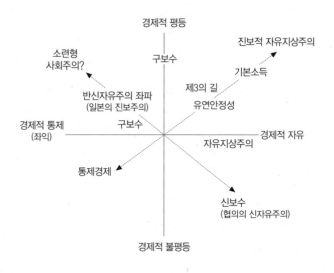

〈도표 32〉 **진보적 자유지상주의의 위치**

경제적 평등

진보적 자유지상주의

소련형
사회주의?

구보수

기본소득

제3의 길

반신자유주의 좌파
(일본의 진보주의)

유연안정성

경제적 통제
(좌익)

구보수

경제적 자유

자유지상주의

통제경제

신보수
(협의의 신자유주의)

경제적 불평등

　현재 아베 정권의 지지율이 특히 젊은이들 사이에서 높은
가장 큰 이유는 무엇보다 고용시장의 상황이 개선되었기 때
문이다. 하지만 그와 동시에 반신자유주의적인 좌파 정당이
자민당의 구보수파와 마찬가지로 기존 체제의 옹호자처럼 보
인다는 점도 들 수 있다.

　요컨대 좌파세력은 젊은이를 사로잡는, 미래를 내다보는 혁
신적인 전망을 제시하지 않았다. 1970년대에 소련형 사회주
의의 결함과 서방 진영의 국가에 의한 경제 개입주의가 막다
른 길이라는 사실이 분명한데도 탈피하려 하지 않는 것이다.

　그렇다고 해서 우리가 반드시 신보수(협의의 신자유주의)의 방향으로 나갈 필요는 없다. 〈도표 32〉의 우측 상단 방향으로 가면 되기 때문이다. 이 방향에 있는 사상을 당분간 '진보적 자유지상주의liberal libertarianism'라고 부르겠다.

〈도표 32〉에서는 종래에 대립한다고 생각했던 경제적 자유와 평등이 수직으로 교차한다. 경제적 자유와 평등이 같은 축의 양극에 위치한다고 상상하는 한 이 진보적 자유지상주의로 나갈 방향은 보이지 않는다.

전 세계에서 이 방향으로 나간 국가가 없는 것은 아니다. 이를테면 1990년대에 덴마크의 사회민주당은 '유연안정성flexicurity'을 내걸었다. 이는 유연성flexibility과 안전security이라는 두 단어를 합성한 신조어다.

이 정책은 해고규제를 완화해서 노동시장의 유동성을 촉진하는 대신 높은 수준의 사회보장과 취업지원을 한다. 사회보장의 수준이 높은 대신 고용규제가 엄격하며, 정부가 국민 생활의 안전을 기업에 강제하는 일본과는 정반대다.

일본의 해고규제 완화가 바람직한지는 논란의 여지가 크므로 유연안정성을 도입하자고 주장하려는 것은 아니다.

유연안정성은 자유롭게 경제활동을 하는 대신 국가가 국민 생활의 안전에 책임을 지는 북유럽 국가들에서 흔히 볼 수 있는 바람직한 자세 중 하나다. 그 바람직한 자세를 한마디로 표현한 것이 '진보적 자유지상주의'이므로 이 방향성을 좀더 적극적으로 추구해야 한다는 말이다.

그리고 북유럽 국가 중 하나인 핀란드가 기본소득의 도입을 목표로 하고 있다. 사회보장제도는 원래 진보적 제도지만 기본소득제도는 자유지상주의적인 사회보장제도다.

즉 기본소득은 진보적 자유지상주의라는 사상에 적합한 제도이자 어렵다고 여겨온 경제적 자유와 평등의 양립이 가능한 제도다.

그래서 (경제적) 우파와 좌파가 모두 지지하는 동시에 비판하는 것도 당연하며 완고한 신보수주의자와 반신자유주의 좌파로부터는 지지를 얻기 힘들다. 〈도표 32〉를 보면 대번에 알 것이다.

우파와 좌파의 대립을 넘어서

1장에서 말했듯이 반신자유주의 측에서는 기본소득을 지지하는 주장이 '신자유주의적 기본소득론'과 '반신자유주의적 기본소득론'으로 갈라졌다고 지적한다. 신자유주의적 기본소득론자 입장에서 기본소득의 목적은 사회보장제도의 간소화이며, 반신자유주의적 기본소득론자 입장에서 기본소득의 목적은 사회보장제도의 확충이다.

반신자유주의적 기본소득론자는 신자유주의적 정부가 기본소득을 도입하면 공공부조와 특별장애인수당▾ 등 기존의 사회보장제도가 전부 폐지되어 약자의 권리가 유린당할까 우려한다.

그런데 신자유주의파로 보일지라도 장애인과 중증 질환을 앓고 있는 사람에게 지급하는 기본소득을 7만 엔으로 한정하고 그 이상 일체의 공적 지원도 해서는 안 된다고 언명한 사람은 거의 없다.

아마도 그 점에 관해서는 깊이 생각해본 적이 없을 것이다. 약자에 대한 무관심의 발로일지도 모르지만 설사 그렇더라도 신자유주의파가 기본소득을 도입한 후에도 장애인에게 지속적인 지원을 해야 한다는 의견에 적극적으로 반대하지 않는다면 반신자유주의파는 신자유주의파를 적대시하거나 지나치게 경계할 필요는 없지 않을까.

원래 신자유주의-반신자유주의의 대립은 대개 정도의 문제에 불과하다. 철저히 신자유주의자거나 반신자유주의자인 사람은 드물므로 역시 정도의 차이다.

정부가 국방과 경찰 이외에는 일체 아무것도 해서는 안 된다고 주장하는 사람도 지금의 일본에는 극소수며 대부분 그 중간 어디쯤의 입장이다. 기본소득문제에 대해 많은 사회보장제도를 폐지해야 한다고 주장하면 신자유주의적이며, 반대

▼ **特別障害者手當**　정신 또는 신체에 심각한 장애가 있어서 일상생활을 할 때 항상 특별한 간호가 필요한 20세 이상의 재택 중증 장애인에게 지급하는 수당으로 수급액은 2013년 기준 월 2만 6,260엔이었다. 우리나라에서는 생계, 의료, 주거, 교육급여 수급자와 차상위 계층(기준 중위소득 50퍼센트 이하) 중 만 18세 이상의 3~6급 등록 장애인에 해당하며, 한 사람당 매월 4만 원, 시설에 거주하는 장애인의 경우는 매달 2만 원을 지원한다. 가까운 읍사무소, 면사무소 또는 동주민센터에서 신청한다.

로 존속시켜야 한다고 주장하면 반신자유주의적이랄까.

사람에 따라서 신자유주의-반신자유주의라는 가치관의 경향성은 확실히 차이가 있으며, 그 차이를 논하는 것이 무의미하지는 않다.

그러나 2장에서 주장했듯이 기본소득은 어떤 사회보장제도를 폐지하거나 혹은 존속시킬지에 관한 구체적인 논의가 더 중요하다.

기본소득 지지자가 신자유주의파와 반신자유주의파로 나뉘어 내분을 조장해서는 경제적 자유와 평등을 동시에 추구할 수 있는 기본소득제도의 훌륭한 점을 충분히 이해하지 못한다.

존 로, 존 로크, 존 롤스

누누이 말했듯이 1990년경 사회주의권이 붕괴한 이후 자본주의를 대신하는 대안적 체제의 비전은 사라졌다. 그 후 많은 정치경제 사상이 '체제의 틀 안에서 점진적으로 사회를 개선하는 입장'을 의미하는 버크류의 보수주의 범주에 머물렀다.

좌익의 대부분이 실은 중도좌파가 되고, 스스로를 진보주의자라고 주장했다. 그들은 반민족주의의 입장을 분명히 밝히고, 경제적 평등을 주장한다. 하지만 기본적으로는 문제가 발생할 때마다 미봉책만 강구할 뿐 미래를 내다보는 진취적인 계획은 없다. 이제부터라도 더 자유롭고 평등하며, 풍요로운 사회를 꿈꾸고, 역사를 발전시키기 위한 목표로 삼을 계획을 마련해야 하지 않을까.

정치체제는 그다지 변경할 필요를 못 느낀다. 그러나 현재의 허술한 경제체제로는 AI 시대를 도저히 감당할 수가 없다. 기본소득을 도입하는 동시에 국민 중심의 화폐제도로 전환해야 한다.

폭력으로 정권을 타도하는 묵시록적인 혁명은 불필요하기는커녕 해악이다. 버크류의 보수주의는 그러한 의미에서 반은 옳다.

하지만 내가 이런 종류의 보수주의에 반쯤 부정적인 까닭은 전통과 관습, 경험을 지나치게 중시하기 때문이다. 그것들이 가치가 없지는 않지만 우리는 이성으로 사회를 설계하는 구상력을 더 중시해야 한다.

특히 일본의 정치경제에 관한 주장은 이러한 구상력이 부족하다. 따라서 제도 변경이 지지부진하거나 주먹구구식이어서 사회가 개선되는지 악화하는지 분명치 않은 양상을 띤다.

버크류의 보수주의도, 묵시록적인 혁명도 해결책은 아니다. 미래상을 그리고 구상력을 활용해서 역사를 발전시키려는 이 관점을 무엇이라고 부르면 좋을까? 점진주의, 미래주의, 유토피아주의?

앞서 말했듯이 더 자유롭고 평등한 사회를 목표로 한다는 의미에서 '진보적 자유지상주의'라고 이름 붙였다. 한편 넓은 의미에서 나의 경제론적인 관점은 리플레파다.

따라서 나는 '리플레파 진보적 자유론자'다. 바꿔 말하면 존 로[▼]이자, 존 로크이며, 존 롤스[▼▲]다.

존 로는 화폐량을 늘려서 경기를 회복시키라고 최초로 제안한 스코틀랜드 출신의 경제 사상가로 리플레파의 먼 원조로 생각할 수 있다. 존 로크는 고전적 자유주의를 제창한 영국의 사상가로 자유지상주의의 원류 중 하나다. 존 롤스는 미국의 정치철학자로 현대적 자유지상주의의 시조다.

거의 동일시해서 논한 적이 없는 이 세 명의 존의 사상이 교차하는 곳에 세 명의 토머스가 최초로 상상한 기본소득의 구상을 배치하고 현대식으로 구현해야 한다고 생각한다.

[▼] **John Law** 1671~1729. 스코틀랜드 출신으로 프랑스의 재정을 지도한 재정가. 결투 상대를 죽여서 사형선고를 받았으나 탈옥 후 암스테르담에서 은행업에 종사했다. 그 경험을 바탕으로 쓴 논문에서 재정개혁을 제안했고, 프랑스 정부의 인가를 받아 프랑스 국내에 일반은행을 설립하고 왕립은행으로 개편했다. 그리고 프랑스령인 미국 루이지애나에 회사를 설립한 뒤 서인도회사로 발전시켜서 미시시피 강 유역의 광대한 땅을 개발했다. 그의 재정체계는 프랑스에서 붐을 일으켰으나 지폐의 남발과 투기로 신용을 잃었고 은행마저 지불정지에 빠지자 베네치아로 도망쳐서 객사했다.

[▼▲] **John Rawls** 1921~2002. 하버드대학 교수를 역임한 미국의 정치철학자. 「공정으로서의 정의Justice as Fairness」라는 논문에서 평등한 기본적 자유를 보장하는 원리가 우선되어야 한다고 강조하며 가장 불리한 상황에 있는 사람들의 이익을 극대화하기 위한 사회경제적 불평등은 정당화된다는 '격차원리'를 제창해 큰 반향을 불러일으켰다. 주요 저서로 「정의론」, 「죄와 믿음의 의미에 대한 짧은 탐구」, 「만민법」 등이 있다.

유교적 윤리가 기본소득 도입의 장벽이 된다

어째서 〈백열교실〉이 대유행인가?

지금까지 논하지 않았던 커다란 사상적 조류로서 '공동체주의communitarianism'가 있다. 이는 공동체를 중시하는 사상이며, 충분히 논의하면서 공동체의 '공통선the common good'을 추구하자는 사상이다. 공통선이란 공동체 안에서 최대한 많은 사람이 수혜를 입는, 일종의 덕德으로 생각하기 바란다.

앞에서 일본은 자유지상주의의 수입에 실패했다고 말했으나 공동체주의의 수입에는 성공했다. 그 성공을 상징적으로 보여주는 것이 가장 저명한 공동체주의자communitarian인 미국의 정치철학자 마이클 샌델▼의 수업을 방영한 NHK 프로그램 〈백열白熱교실〉의 유행이다.

이들의 실패와 성공은 같은 요인에 기인한다. 원래 일본인은 공동체주의자적인 사상을 갖고 있으므로 공동체주의는 수용하기 쉬웠으나 그것과 상반되는 자유지상주의는 받아들이지 못했기 때문이다.

▼ **Michael J. Sandel** 1953~, 하버드대학 정치학과 교수. 자유주의 이론의 대가인 존 롤스의 『정의론』을 비판한 『자유주의와 정의의 한계』로 명성을 얻었다. 공동체주의의 4대 이론가 중 한 명이며, 존 롤스 이후 정의 분야의 세계적 석학으로 평가된다. 2008년 미국정치학회가 수여하는 최고의 교수로 선정되었다. 주요 저서로 『정의란 무엇인가』, 『민주주의의 불만』, 『완벽에 대한 반론』, 『공동체주의와 공공성』, 『생명의 윤리를 말하다』, 『돈으로 살 수 없는 것들』, 『정치와 도덕을 말하다』 등이 있다.

예로부터 있는 공동체주의자적인 사상이란 유교를 말한다. 그러나 내가 여기서 말하려는 유교는 공자와 맹자, 주자 등이 설파한 가르침만이 아니라 거기서 파생된 다양한 윤리와 행동양식을 포함하므로 전체를 아울러서 '유교적 윤리ethos'라고 부르겠다.

원래 주 왕조의 권위가 쇠퇴하고 신분제가 문란해져 사회가 유동화한 춘추시대를 살았던 공자가 고대의 공동체와 신분질서를 부흥시키자고 주장한 것이 유교의 시작이다.

'인仁'(배려), '의'(해야 할 일을 하는), '예'(이른바 예의, 매너)라는 덕을 갖추고 '부자父子', '부부', '군신'(군주와 백성), '장유'(손윗사람과 손아랫사람)라는 공동체에서의 상하관계를 유지하는 것이 구체적인 교리다. '부부'관계에서는 남편이 위이므로 종전 후 민주주의의 가치관과는 어울리지 않는다.

덕 중에서 '인'은 불교의 '자비', 기독교의 '박애'와 유사하므로 두드러진 유교의 특징은 아니다. 단, 중국의 전국 시대에 일어난 사상가 집단인 묵가는 유교가 말하는 인이 공동체 안의 상하관계를 유지하기 위한 사랑이며, 편애에 불과하다고 비난한다. 그러한 의미에서는 묵가가 말하는 '겸애'가 박애에 가까울 것이다.

뿌리 깊게 남아 있는 유교적 윤리

여하튼 유교적 윤리는 현대에도, 또한 일본 사회에도 깊이 침투해 있다. 나는 그것이 일본인의 불행의 원천이며, 기본소득 도입의 최대 장벽이라고 생각한다. 약간 길긴 하지만 그 점에 관해 논하기로 하겠다.

유교는 에도 시대에는 주자학과 양명학으로서 무사와 일부 농민에게 퍼졌다. 그 후 메이지 시대에 수신修身교육과 교육 칙어教育勅語(1890년 국민의 도덕과 교육에 관해 내린 칙어로 1948년에 폐지됨)에 의해 이른바 위에서부터 유교사상을 이식한 탓에 전 국민적인 윤리로 자리 잡았다.

'수신'이란 오늘날의 도덕수업에 해당하는 2차 대전 중의 학과목인데, 원래는 유교 경전 중 하나인 『대학』에 등장하는 용어다. 교육칙어는 유교에 정통한 이노우에 고와시[▼]와 함께 유학자인 모토다 나가자네[▼▲]가 기초했다. 전쟁 전의 도덕교육 은 기본적으로 유교를 바탕으로 이루어졌다는 뜻이다.

후쿠자와 유키치 같은 선진적인 지식인은 유교적 교육이

[▼] 井上毅 1844~1895. 이토 히로부미 내각의 문부대신을 지낸 정치가. 일본제국 헌법, 황실에 관한 규정인 황실전범皇室典範, 교육칙어를 만들었고, 임오군란의 사후처리를 위해 경성에 파견되어 조선과 교섭을 벌였다. '조선정략의견안朝鮮政略意見案'을 기초하여 청과 조선의 종속관계를 부정하는 구실로 한반도 중립화론을 제기했다. 이를 요약하면 '일본, 청, 미국, 영국, 독일의 다섯 나라가 회동하여 조선의 일을 의논하고, 벨기에와 스위스의 예에 따라 조선을 침략하지 않고 타국으로부터 침략받지도 않는 중립국으로 삼아 다섯 나라가 함께 보호한다'라는 말만 그럴싸한 '보호받는 중립화'다.

[▼▲] 元田永孚 1818~1891. 유학자이자 제왕학帝王學 교수로서 메이지 일왕의 시강을 역임했다. 메이지 일왕의 명으로 『유학강요幼學綱要』, 『교학성지教學聖旨』를 편찬하고 기초했으며, 정부의 유럽식 교육정책을 변환시켜서 유교주의적 국민교화에 노력했다. 말년에는 교육칙어의 초안을 작성해 천황제 국가의 사상적 기초를 다졌다.

국민의 자주성을 해친다고 반대했다. 일방적으로 이거 해라, 저거 하지 말라고 명령하는 유교적 교육에는 국민이 자신의 머리로 생각하고 다른 사람과 의견을 교환하면서 각자 나름대로 윤리관을 갖춰나가는 과정이 빠졌기 때문이다.

역사학자인 아이치현립대학의 요나하 준[▼] 조교수는 『중국화하는 일본』에서 메이지 유신 이후 서양화한 일본은 그 이상으로 중국화했다고 갈파했는데, 일본인의 가장 두드러진 심리적 특징은 유교화다. 일본인은 국가가 국민의 정신을 인위적으로 유교화시킨 사실도 잊고 유교적 윤리야말로 전통적인 일본인의 심리상태라고 착각하며 여전히 유교적으로 폐쇄된 나라를 떠돌며 살고 있다.

물론 종전 후 수신교육과 교육칙어도 폐지되어 아이가 『논어』를 암송하는 광경도 이제는 볼 수가 없다. 하지만 그 윤리만큼은 뿌리 깊게 숨 쉬고 있을뿐더러 어떤 면에서는 더 강해졌다.

예를 들면 최근 유명인의 부도덕한 행실을 비판하는 목소리는 과거 어느 때보다도 커졌다. 불륜만이 아니라 미성년자

▼ **與那覇潤** 1979~. 일본 근대사, 현대사, 동아시아 지역 연구를 전문으로 하는 역사학자. 우울증을 계기로 대학에서 퇴직한 뒤 재야의 역사학자이자 저술가로 활동하고 있다. 『번역의 정치학—근대 일본 성립기의 인종·혈통·민족의 언설 분석翻訳の政治學—近代日本成立期における人種·血統·民族の言說分析』으로 박사학위를 취득했다. 주요 저서로 『일본인은 왜 존재하는가日本人はなぜ存在するか』, 『지성은 죽지 않는다—우울한 헤이세이를 넘어서知性は死なない—平成の鬱をこえて』, 『제국의 잔영 병사, 오즈 야스지로의 쇼와사帝國の殘影 兵士·小津安二郎の昭和史』 등이 있다.

일 때 담배 피우고 술 마시는 사진이 유출되거나, 식사 예절이 엉망이라는 사소한 이유로 격렬한 비난을 퍼붓기도 한다. 남에게 위해를 가하지만 않으면 뭘 하든 자유라는 자유론자적인 발상은 통하지 않는다.

평론가 후루야 쓰네히라▼ 씨는 그런 사람에게 '도덕적 자경단'이라는 절묘한 이름을 붙였다. 누구나 덕이 높은 성인군자여야 하는 사회에서는 답답해서 못 산다 싶겠지만, 일본 사회는 스스로 목을 조르는 양 그 방향으로 가고 있다. 한국이나 중국에서도 빈번히 그런 종류의 격렬한 비판을 하는데 모두 유교권이다.

공자는 덕이 없는 사람을 격렬하게 비난해도 된다고 한 적이 없다. 그러나 덕성을 가지라고 교육하는 것은 덕이 없는 사람을 격렬하게 비판하는 경향을 초래하기 쉽다.

예의는 잃어버렸는가?

대학교수 중 혹자는 요즘 학생들은 돼먹지 않아서 유교적 윤리가 강화될 리가 없다며 의아해할지도 모른다. 그러한 교수는 전공투(전국학생공동투쟁회의全國學生共同鬪爭會議의 줄임말) 시

▼ **古谷經衡**   1982~, 리쓰메이칸立命館대학 문학부 사학과 졸업 후 인터넷과 보수, 매스컴 문제, 애니메이션 비평 등을 주제로 평론과 집필활동을 하고 있다. 주요 저서로 『인터넷 우익의 역습―혐한사상과 신보수론ネット右翼の逆襲―嫌韓思想と新保守論』, 『혐오발언과 우익ヘイトスピーチとネット右翼』 등이 있다.

대의 대학을 떠올리기 바란다. 우리 교수들은 각목이나 쇠파이프로 두들겨 맞지 않은 것만 해도 고맙게 여겨야 한다. 그무렵 학생들에 비하면 훨씬 예의 바르다.

또는 지금이야 거의 자취를 감췄지만 30여 년 전만 해도 길에 가래를 뱉거나 노상 방뇨를 한다든지, 담배꽁초를 함부로 버리는 작자들도 많았다.

경제가 성숙하면 분명히 모든 국가에서 사람들의 민도民度, 쉽게 말해 문화수준이 높아지는 경향이 있다. 그런데 유독 일본 국민은 전 세계에서 둘째가라면 서러울 만큼 고상하고 예절도 바르다.

인터넷에서는 일본인 아이가 길을 양보해준 자동차 운전사에게 머리 숙여 인사하거나, 신발장에 실내화를 가지런히 넣는 동영상을 본 많은 외국인이 칭찬하는 말을 남긴다. 우리에게는 그저 당연하고 일상적인 풍경이건만.

그러한 일 자체는 분명 나쁘지 않다. 그러나 지금의 '예'는 몹시 지나치다. '맥주는 상표가 위로 가게끔 해서 따른다', '이메일에서 주 수신인 외에 다른 수신인을 함께 지정해 발신할 때는 지위가 높은 사람부터 순서대로 메일주소를 나열한다', '축하선물로 녹차를 보내서는 안 된다' 등과 같은 전통이나 실익과도 거의 무관한 예절을 끊임없이 만들어낸다.

그게 대체 유교와 무슨 관계가 있는지 의아할 테지만 공자의 직업만 봐도 원래는 예학禮學을 가르치는 선생이었다. 지금으로 말하면 매너강사라고나 할까. 진심이 담기지 않은 예의는 허례라고 비판한 공자의 말 자체가 유교가 허례를 낳을 수밖에 없는 위험을 내포하고 있다는 증거다.

의무를 매우 좋아하는 일본인

유교적 윤리 중에서 가장 문제인 것은 '의'여서 일본인은 '하고 싶은 일'이 아니라 '해야 할 일'을 하며 인생의 대부분을 보낸다. 공동체 안의 명문화된 규칙과 명문화되지 않은 관습을 포함한 무수한 의무에 얽매인 채 살아가는 것이다.[24]

중학교와 고등학교에는 여전히 불합리한 교칙이 많다. 앞에서도 말했듯이 머리를 갈색으로 염색하는 것을 금지하는 교칙처럼 자칫하면 인종차별이 될 수도 있는 것까지 버젓이 통한다.

구직활동을 하는 여성의 복장이 대개 흰색 블라우스와 검은색 정장으로 통일된 것은 극히 최근인 1990년대다. 물론 명시적인 규칙은 없지만 스스로 정장은 검은색이어야 한다는 의무감을 따른 것이다. 1950년대의 구직활동 사진을 보면 색깔도 스타일도 제각기 다른 복장을 착용하고 있다. 일본 사회는 더 자유로워지기는커녕 어떤 면에서는 더 부자유스러워진 것은 아닐까?

또는 상사가 퇴근할 때까지 자리를 지키는 것도 공동체 안의 명문화되지 않은 의무에 따르고 있기 때문이다. 당연히 이러한 의무는 맹자가 주장한 본래의 '의'와는 거리가 멀므로 나는 '유교적 윤리'라는 포괄적인 말을 썼다.

일본인은 의무를 매우 좋아한다. 전 세계를 둘러봐도 국민의 3대 의무를 강조하는 헌법은 드물다. 근로의 의무가 헌법에 적혀 있는 나라는 지금은 일본과 남북한 정도다. 과거에는 소련의 스탈린 정권의 헌법인 '스탈린 헌법'에도 근로의 의무가 명시되어 있었다. 나중에 말하겠지만 근대는 자본주의의 발달과 더불어 노동주의laborism(노동자계급에 의한 정치지배를 지향하는 사상)가 만연했던 시대인데, 예전의 소련형 사회주의 국가에서는 자본주의 국가 이상으로 노동주의가 판쳤다.

일본에서는 근로의 의무를 부과하고 이면에서는 구걸 행위를 법률로 금지한다. 구걸을 하거나 시키면 경범죄처벌법으로 체포될 수 있다. '동냥하지 말고 일하라'는 뜻이다.

실제로 지금의 일본에는 노숙자는 있을지언정 거지는 거의 보이지 않는다. 법률로 금지한 탓도 있겠지만 국민이 대체로 구걸 행위를 미덕으로 여기지 않아서일 것이다.

대개의 일본인은 미국의 자유주의자처럼 타인에게 위해를 가하지 않으면 무슨 짓을 해도 상관없다고 생각하지 않는다. 꼴사나운 짓을 할 바에는 차라리 죽는 편이 낫다고 생각한다. 일본인은 인생을 지나치게 아름답게 살며, 나 역시 그것을 바람직하게 여기긴 한다.

그러나 가랑이 밑을 기어서든, 일시적으로 모면하든, 살아서 수모를 당할지언정 꿋꿋하게 살아가야 한다는 사상이 없으면 궁지에 몰린 사람이 스스로 목숨을 끊는 비극은 줄어들지 않는다.

실제로 일본인의 자살률은 전 세계 국가 중 18위로 상당히 높다. 일본과 마찬가지로 유교권 국가인 한국의 자살률은 4위다. 역시나 그 배경은 유교적 윤리라고 생각하지 않는가? 자살률의 상위에 올라 있는 나라는 일본과 한국 이외에는 구사회주의권 국가들뿐이다.

자본주의와 유교는 최악의 조합이다. 실직해서 노동에 힘써야 한다는 의무를 다할 수 없는 경우에 인간으로서의 덕을 상실했다는 이유로 죽음으로 내몰리기 때문이다.

'일하지 않는 자, 먹지도 말라'는 성서 구절(『신약성서』 중 사도 바울이 테살로니카인들에게 보낸 두 번째 편지인 '데살로니카 후서')이지 공자의 말이 아니다. 그러나 메이지 시대 이후 자본주의와 유교의 조합으로 '일하지 않는 자, 먹지도 말라'라는 노동윤리를 이식하고 급기야 헌법에까지 기록하기에 이르렀다. 일본에서는 '일하지 않는 자, 먹지도 말라'를 현실화하는 기본소득을 도입할 때 이 유교적 윤리가 가장 큰 장벽이 될 것이다.

리플레 정책과 헬리콥터 머니도 마찬가지다. 실제로 에도 시대에 화폐 개주로 화폐량을 늘려서 통화량의 수축에 따른 불황에서 탈출을 꾀한 오기와라 시게히데▼를 격렬하게 규탄하고 배척한 인물은 유학자(주자학자)인 아라이 하쿠세키▼▲다.

하쿠세키는 금화와 은화의 함량을 원래대로 복원하고, 화폐량을 줄여서 경기를 후퇴시켰다.

그리고 여전히 리플레이션을 불성실한 정책으로 간주하거나 헬리콥터 머니는 악수惡手라며 타당성에 관한 논의를 포기하는 사람들이 적지 않다. '부도덕하니까 해서는 안 된다', '안되는 것은 안 된다'라며 정상적 사고를 마비시키는 것이 바로 유교적 윤리다.

유교 자체를 전면적으로 부정하는 것은 아니다. 중국에서는 역사적으로 질서를 유지하는 데도, 부패한 왕조를 타도하는 데도 유교가 도움이 되었다.

특히 일본에서는 유교의 양명학이 메이지 유신을 일으키는 원동력이 되기도 했다. 하지만 메이지 시대 이후 유교를 바탕으로 지나치게 상부하달식으로 의무에 따르는 교육을 했기

▼ 荻原重秀 1658~1713, 도쿠가와 쓰나요시德川綱吉 시대 후반부터 도쿠가와 이에노부德川家宣 시대에 걸쳐서 화폐 개주와 무역정책 등 상품경제에 적극적으로 대응함으로써 겐로쿠기元祿期(1688~1704년)의 궁핍한 막부의 재정난을 완화했다. 그러나 일시적으로 막부 재정이 윤택해졌을 뿐 저질 화폐를 주조해 물가가 치솟고 상인과의 결탁으로 부패가 발생하서 아라이 하쿠세키의 탄핵으로 실각했다.

▼▲ 新井白石 1657~1725, 에도 중기의 유학자이자 정치가다. 도쿠가와 이에노부부터 차기 7대 쇼군인 이에쓰구家繼를 대대로 섬기며 내정과 외교에서의 대개혁을 주도하고 금화와 은화 개량, 나가사키 무역 제한의 2대 사업 달성에 헌신했다. 그리고 어진 정치를 기본 이념으로 대사면령을 내려 죄인을 석방하고 동물애호령生類憐みの令을 폐지했으며, 뇌물 청탁을 일삼는 부패정치에 칼을 대어 백성의 정치 불신을 해소했고 공평한 재판을 통해 농민 외에 다수의 서민을 억울한 죄로부터 구제했는데, 이를 '쇼토쿠의 치正德の治'라고 한다. 이에노부는 '일체 분신'이라고 지지하며 '뜸쑥과 같은' 존재라고 했고, 막부 내부에서는 '도깨비'라고 부르며 두려워했다. 저서로 『독사여론』, 『번한보藩翰譜』, 『고사통古史通』, 『서양기문西洋紀聞』 외에 자전으로 『오리타쿠시바노키折たく柴の記』, 『본조군기고本朝軍器考』, 『하이지嬾夷志』, 『남도지南島志』 등이 있다.

때문에 자유롭게 생활하기가 힘들어졌다. 이 폐해를 여전히 답습하는 것이다.

일본 사회에서는 타인에게 위해만 가하지 않으면 뭘 하든 상관없다고 해석하는 자유지상주의는 도저히 용납하기가 힘들다. 나는 유교적 윤리를 중화하려면 자유지상주의의 도입이 필요하다고 생각한다. 딱히 권총의 소지나 마약 매매를 자유화해야 한다는 얘기는 아니다.

대개의 일본인이 왜 미국에서는 총기 소지를 허가하는지 의아해하는 것 못지않게 미국인은 '일본에서는 왜 늦게까지 잔업하고 일찍 돌아가지 못하는지' 의아해한다. 일본 사회에 부족한 것은 자유지상주의이며, 미국 사회에 부족한 것은 유교적 윤리 같은 공동체주의다.

공동체주의를 알았을 때 나는 일본에는 거의 도입할 필요가 없는 사상이라고 생각했다. 젓가락 쥐는 방법부터 전철에서의 예절에 이르기까지 항상 공통선에 관한 논의를 벌이므로 공동체주의가 이상으로 여기는 사회가 이미 일본에서는 완성되었기 때문이다.

'거의'라고 한 까닭은 공동체주의는 자유주의와 자유지상주의를 상대화하는 철학으로서 가치가 있기 때문이다. 이 책의 마지막 부분에서 미래의 궁극적인 인간의 도덕성을 논의할 때도 공동체주의자의 사상이 필요하다. 혹은 일본에서 쇠퇴하고 있는 지역공동체를 재생하려 할 때 공동체주의자의 주장을 참고할 수도 있다.

그러나 학교와 회사 등의 공동체에서 무수한 의무감이 개인의 자유를 억압하는 광경이 곳곳에서 발견되는 현실을 감안하면 일본 사회에 필요한 것은 유교적 윤리에 너무나도 친화성이 있는 공동체주의가 아니라 자유지상주의가 아닐까.

더 자유로운 사회로

역설적이라고 생각할지도 모르나 의무를 지키는 것은 무책임하다. 가령 외국의 위험지역에 자원봉사활동을 하러 갔다가 인질로 잡혔다면 본인 책임이라고 외면해도 회사의 명령으로 갔다가 같은 일을 겪으면 불쌍하니까 구조해야 한다고 동정한다. 이처럼 공동체의 의무를 지키는 한 이 나라에서는 책임을 지지 않는다. 그러므로 의무를 지키면 어떤 의미에서는 편하다. 책임지지 않아서 좋을뿐더러 결정하느라 골치를 썩일 필요도 없다. 그런데 그런 인생이 정말로 즐거울까?

〈도표 33〉을 보라. 가로축에 성인의 지적 호기심의 정도, 세로축에는 성인의 수학적 사고력을 배치하고, OECD 가맹국 21개국을 도표로 작성했다. 일본은 수학적 사고력은 최고지만 지적 호기심에서는 한국과 최하위를 다툰다.

요컨대 일본에서는 공부는 지적 호기심을 충족시키기 위해서가 아니라 의무적으로 하는 것이다. 마지못해서 공부하는 일본인의 두뇌가 세계 최고 수준이라고 해서 과연 행복하다

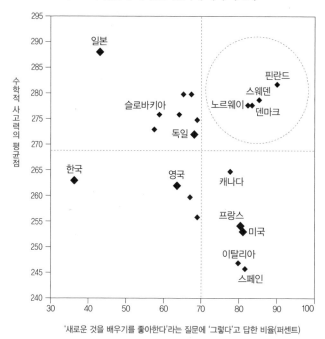

〈도표 33〉 **성인의 지적 호기심과 수학적 사고력**

'새로운 것을 배우기를 좋아한다'라는 질문에 '그렇다'고 답한 비율(퍼센트)

출처: 마이타 도시히코舞田敏彦,
「일본인의 지적 호기심은 20세에 이미 감퇴한다日本人の知的 好奇心は20歳ですでに老いている」, 2016.

고 할 수 있을까?

하고 싶어서가 아니라 해야 하니까 공부한다. 회사에 가기 싫지만 잘릴까봐 간다. 회사의 회식에 마지못해 참석한다. 그렇게 인생의 대부분을 보내고 은퇴해 의무에서 해방되면 아무런 의욕도 없어서 허무감에 사로잡힐지도 모른다.

기업이나 업계의 단체강연회에 초빙되어 AI에 이어서 기본

소득 이야기를 할 때마다 '기본소득이라니 괘씸하다. 사는 보
람이니 일은 빼앗지 말라'라는 말을 듣곤 한다. 일을 빼앗는
것은 AI이지 기본소득이 아니므로 우선 이 주장의 밑바탕에
는 오해가 있다. 어쨌거나 노동의 의무에서 해방되기를 바라
지 않는 것은 유교적 윤리의 발로다.

일을 정말로 좋아했다면 AI나 기본소득과 무관하게 자원봉
사를 하면 될 것이다. AI가 고도로 발전하고 기본소득이 충실
한 사회에서는 회사의 명령에 따를 필요가 없으며 진정으로
자신이 몰두하고픈 일에 매달릴 수 있다. 그러나 그러한 자유
를 두려워하는 사람들이 일본에는 많다.

단, 유교적 윤리가 서서히 퇴색해 상사 비위 맞추기에만 급
급한 시시한 회식에는 가지 않는다거나 일은 사는 보람이 아
니므로 가능한 한 일찍 퇴근해서 여가를 즐긴다고 말하는 젊
은이가 늘어나는 추세이므로 그나마 다행이다.

해야 할 일이 아니라 하고 싶은 일을 하는 젊은이가 늘어나
는 것은 좋은 현상이다. 미래 사회에 전적응preadaptation하고
있는 것일 수도 있다. 이제라도 유교적 윤리에 따른 억압에서
해방되어 더 자유로운 사회를 지향해야 하지 않을까.

근로복지제도와 제3의 길

공동체주의는 학술적으로 각광을 받았고 실제 정치에도 큰
영향을 주었다. 그 대표적인 예가 '제3의 길The Third Way'이라

는 정치적 입장의 형성이다.

1997년에 영국의 총리가 된 노동당의 토니 블레어는 사회민주주의적 노선에 신자유주의적 노선을 도입한 '제3의 길'(좌·우의 이념을 초월한 실용주의적 중도좌파 노선을 일컫는 말. 앤서니 기든스의 저서 『제3의 길』에서 유래)을 표방했다. 그때 '복지에서 노동으로welfare to work'라는 인상적인 구호 아래 국민의 취업을 촉진하는 방책을 채택했다.

제3의 길은 '근로복지제도workfare'를 도입한 노선이라고도 할 수 있다. '근로복지제도'는 공공부조 같은 사회부조와 실업보험을 수급할 때 의무적으로 일정한 노동을 해야 한다. 이는 'work'와 'welfare'(후생, 복지)라는 두 단어를 합성한 신조어이며, 1970년대에 닉슨 대통령의 연설문을 기획한 사람이 만들었다고 한다.

〈도표 32〉(209쪽)에는 사회민주주의와 신자유주의의 융합이라는 제3의 길이 '유연안정성' 근처에 있는데, 이에 덧붙여 공동체와 취업을 중시하는 입장이라고도 생각하기 바란다.

블레어는 취업을 통해 공동체에 참여하도록 촉구할 뿐만 아니라 공동체에 대한 의무와 책임을 강조하는 공동체주의자적 정책을 전개했다.

자유주의자로서 말하는 공동체주의에 대한 초보적인 비판일 뿐이지만 공동체에 참여하라고 재촉하는 것은 큰 민폐이며, 공동체에 관여하는 것은 약자를 생각하지 않는 강압적인 정책이라고 생각한다. 어느 입장에서건 나는 제3의 길에 부정적이다.

　인간에게는 공동체를 좋아하는 사람과 그렇지 않은 사람이 있다. 타인과 어울리는 것을 좋아하는 사람과 그렇지 않은 사람이 있다. 제3의 길은 그러한 인간의 다양성을 무시하고 있다. 모든 인간이 가족이라는 공동체 속에서 태어나 자라는 것은 사실이지만, 그렇다고 해서 성인이 되어서도 공동체와의 관계를 유지하는 것이 인생에서 그토록 중요할까.

　제3의 길은 포용을 강조하지만 실은 공동체를 싫어하는 사람을 배척하게 될지도 모른다. 물론 공동체주의자가 강조하듯이 국가도 하나의 공동체이므로 기본소득 같은 재분배정책은 공동체 개념 없이는 성립하지 않는다. 그러나 국가는 공동체를 싫어하는 사람도 포용하는 공동체여야 한다.

참여소득

'참여소득Participation Income'이라는 공동체주의자판 기본소득이라고 할 만한 제도가 고안되었다. 이는 영국의 경제학자 앤서니 앳킨슨'이 1995년에 제안한 조건부 기본소득제도다 (61쪽 〈도표 2〉 참조).

　임금노동 이외에 자녀양육, 고령자 부양, 자원봉사활동, 교육, 직업훈련에 종사하는 등의 사회공헌, 사회참여를 하는 사람과 아울러 장애인, 고령자 등이 급부대상이다. 요컨대 장애인과 고령자를 제외하면 사회참여를 하는 사람은 급부대상이 된다. 한편 아무런 사회참여도 하지 않는 '게으른 사람'은 급부대상에서 배제한다.

이 참여소득은 '근로복지제도'의 일종으로서 평가한다. 그리고 참여소득과 근로복지제도는 결과적으로 '일하지 않는 자, 먹지도 말라!'라는 입장이다.

앤서니 앳킨슨은 일종의 타협안으로서 참여소득을 제시하며 게으른 사람도 수급하는 완전한 기본소득은 국민의 이해를 얻을 수 없으므로 게으른 사람 이외의 모든 국민이 수급하는 제도로 만들자고 했다.

하지만 게으른 사람과 사회에 참여하는 사람을 구별하기가 그렇게 쉬울까? 그리고 노동의욕의 결여를 신체장애나 노령과 마찬가지로 일종의 장애로 생각할 수는 없을까?

사회참여를 급부의 전제로 하는 것은 사회참여 의욕의 결여라는 장애를 짊어진 사람을 도외시하겠다는 의미다. 따라서 나는 근로복지제도에도, 참여소득제도에도 부정적이다.

기본소득은 그것 자체에 노동을 장려하는 정책이 들어 있

▼ Anthony Atkinson   1944~2017, 옥스퍼드대학 너필드칼리지Nuffield College 학장을 역임했으며 영국경제학회와 계량경제학회, 유럽경제학회, 국제경제학회, 왕립경제학회 회장을 지냈다. 소득분배론의 일인자이며, 부와 소득의 분배, 빈곤과 복지국가, 유럽의 사회적 의제, 후생경제학에 관한 강의와 연구를 했으며, 소득과 재산 분배의 역사적 트렌드 연구라는 새로운 분야를 개척했다. 주요 저서로 『불평등을 넘어—정의를 위해 무엇을 할 것인가』, 『불평등의 경제학The economics of inequality』, 『공공경제학 강의Lectures on public economics』 등이 있다.

어서 복지정책에서 노동정책으로 전환하는 효과가 있다. 따라서 최저한의 생활에 필요한 돈을 국민에게 지급할 때 취업과 사회참여를 의무화할 필요는 없다는 것이 나의 주장이다.

왜 게으름뱅이도 구제해야 하는가?

도박벽은 정신력으로 치료할 수 있는가?

필시 장애인과 중증 질환자에 대한 정부의 부조를 반대하는 사람은 적을 것이다. 그런데 일본은 정부가 가난한 사람을 부조해서는 안 된다는 사람의 비율이 다른 산업국에 비해 압도적으로 높다. 나태야말로 가난의 주된 요인이라고 간주해서 게으른 사람은 구제할 필요가 없다고 생각하기 때문이다.

원래 빈곤의 주된 원인이 꼭 나태는 아니지만 설사 나태한 사람일지라도 구제해야 한다고 생각한다. 신체장애인과 중증 질환자에 대한 정부의 부조조차 반대하는 사람과는 결정적으로 가치관이 다르므로 토론은 영원히 평행선을 걸을 것이다. 하지만 찬성하는 사람들은 대개 순서대로 논하면 내 생각을 이해해주리라고 기대한다.

과연 인간은 자신에 관한 모든 것을 의지대로 조종할 수 있을까? 천만의 말씀이다. 암과 우울증을 직접 의지로 치료하기는 불가능하다. 정신력으로 병을 고친다니 어림 반 푼어치도 없는 소리다. 그래서 그런 사람들은 공공부조를 받아도 비난하는 사람이 적다. 그런데 우울증은 불과 30여 년 전만 해도 대체로 마음의 문제라고 여겼고, 여전히 그렇게 생각하는 사람도 있다.

도박벽도 최근에는 흔히 질병처럼 치료대상으로 간주한다. 그래도 도박벽을 가진 사람이 설사 전 재산을 잃는다 해도 우울증에 걸린 사람만큼 동정하지는 않는다. 도박은 할지 말지를 결정할 여지가 존재하기 때문이다. 많든 적든 도박은 전 재산을 잃을 위험을 고려해서 결정할 여지가 존재하기 때문에 그 책임은 전적으로 당사자가 진다. 한편 의사를 결정하는 심리기제는 유전과 환경(과 우연)이어서 그 구조 자체를 의지로 직접 바꿀 수는 없다. 그러한 의미에서 보면 인간에게는 자유의지가 없다.

자유의지의 부정은 철학 논쟁에서는 흔하며 적어도 17세기 네덜란드의 철학자 스피노자로 거슬러 올라간다. 스피노자는 이렇게 말한다.

정신 안에는 절대적이거나 자유로운 의지가 존재하지 않는다. 오히려 정신은 이것 또는 저것에 의지하도록 어떤 원인에 의해 결정되며, 이 원인 역시 다른 원인에 의해 결정되고, 이것은 다시금 또 다른 원인에 의해 결정되고, 이렇게 무한히 진행된다.[25]

인간이 뭔가에 의지하더라도 그것에는 원인이 있고 그 원인에도 또한 원인이 있으므로 결국 연결된 인과관계가 무한히 이어지는 것에 불과하다. 그리고 이 연결된 사슬을 계속 거슬러 올라가면 언젠가는 유전이나 환경이라는 정신의 외부로 귀착한다.

예를 들어 상사에게 반복해서 음흉한 추행을 당한 A씨가 살의를 품었다고 하자. 추행 자체는 환경요인이다. 비슷한 추행을 당해도 살의를 품는 사람과 그렇지 않은 사람이 있는 것은 유전과 자란 환경에 달려 있다. 물론 살의를 품었다고 해서 실제로 꼭 살인을 저지르지는 않는다. 살인을 저질러서는 안 된다고 생각해서 실행에 옮기지 않을 수도 있지만 그러한 윤리관도 유전과 환경을 기초로 형성된다.

인간의 심리기제는 모두 뇌로 환원한다. 따라서 뇌가 물리법칙에 따르는 한 인간은 물리법칙에 저항할 수가 없으므로 인간에게는 자유의지가 없다는 논법도 가능하다. 구태여 물리법칙의 수준까지 내려갈 필요는 없다.

인간에게 자유의지가 없다는 말은 물리학적 문제라기보다 철학적·윤리학적 문제다. 단, 자유의지가 없는 것과 의사결정 능력이 없는 것은 같은 뜻이 아니므로 주의해야 한다.

'인간에게는 본래 자유의지가 없으나 자유의지가 있다고 보아야 책임이라는 개념이 성립하고 그래야 사회를 운영할 수 있으므로 실제 사회에서는 자유의지가 있다고 본다'라고 생각할 필요는 없다.

AI는 그저 인간이 만든 프로그램대로 작동하므로 분명 자유의지가 없다. 그러나 AI는 의사결정을 한다. 의사결정만이 아니라 부분적으로는 의사결정에 관한 과학기술 그 자체다.

알파고라는 바둑을 두는 AI는 어디에 바둑알을 놓을지를 결정한다. 그렇다고 해서 아무도 AI가 자유의지를 가졌다고는 생각하지 않는다. 마찬가지로 인간도 자유의지는 없으나 의사결정 능력이 있다.

지금의 AI는 질책을 받거나 형무소에 들어가는 두려움을 못 느끼므로 책임을 지게 할 수는 없다. 그러한 두려움을 느끼는 AI여야 책임지도록 하는 의미가 있다.

자유의지가 없어도 인간이 두려움 같은 불쾌감을 고려해 의사결정을 하는 한 책임이라는 개념은 의미가 있다. 인간이 자유의지가 없는 것과 의사결정 능력이 있어서 책임을 지게 하는 것 사이에는 아무런 모순도 존재하지 않는다.

도박 의존증은 강한 의지만큼 병적으로 도박을 좋아할 때 발생한다. 강한 의지란 이대로 도박을 계속했다가는 재산과 가족을 잃는다는 두려움을 고려해 눈앞의 유혹을 이겨내는 이성의 힘을 의미한다.

도박을 좋아하느냐 마느냐는 대부분 유전에 따라 결정된다는 연구가 있다. 그러나 환경에 따라서 결정된다고 해도 마찬가지다. 초콜릿을 좋아하는 취향 자체를 의지로 바꿀 수 없듯이 도박을 좋아하는 것 자체는 직접 의지로 바꿀 수 없다.

강한 의지도 유전과 어릴 적 환경에 따라 대부분 결정된다는 연구가 있다. 먼 미래의 편익을 위해 현재에 노력하거나 인내하지 못하는 경향은 평생토록 별로 변화하지 않는다.

이는 행동경제학에서는 익히 알려진 이야기로 여름방학 숙제를 개학식 직전에 몰아서 한꺼번에 하는 아이는 성인이 되어서도 눈앞의 충동을 이겨내지 못하며 무의식중에 칼로리 높은 음식을 과다하게 섭취해서 당뇨병에 걸린다고 한다.

누구나 현재보다 미래를 가벼이 여기지만 의지가 약한 사람은 미래에 얻는 건강 같은 편익의 가치를 다른 사람보다도 크게 에누리해서 결정하는 경향이 있다.

경제학의 전문용어로 표현하면 의지가 약한 사람은 미래에 얻을 편익의 '할인율'이 높다. 할인율이 높은 만큼 미래를 더 경시한다는 뜻이다.

여하튼 강한 의지를 결정짓는 요인이 유전이든 환경이든 논의의 요점은 바뀌지 않는다. 의지로 직접 취향을 바꿀 수는 없듯이 의지로 강한 의지를 바꿀 수는 없기 때문이다.

우리의 의지로 할인율을 자유자재로 높이거나 낮출 수 없는 것이 현실이다. 암이나 우울증과 마찬가지로 정신력으로는 어쩔 수가 없다.

이제껏 주장한 대로 도박을 좋아하거나 의지가 약한 것을 일종의 장애로 볼 수는 없을까? 도박으로 재산을 날린 사람은 동정해야 할 대상이 아닐까? 자업자득이라고도 할 수 있으나 도박으로 재산을 탕진하는 것은 지진이나 쓰나미로 재산을 잃는 것과 마찬가지로 비참한 사건이다.

나는 도박을 좋아하지 않는 내가 행운아라고 생각한다. 도박하고 싶은 욕구를 이성으로 억제하는 것이 아니라 아예 흥미가 없다. 슬롯머신 가게나 경마장이나 카지노에도 한 번도 가본 적이 없다. 결코 의지가 강한 인간은 아니지만 앞으로 기회가 생겨 카지노에 가서 놀더라도 도박에 빠지는 일은 없을 것이다. 내가 도박에 빠진 적이 없는 이유는 잘나서도, 무엇 때문도 아니다. 그저 운 좋게 도박을 좋아하는 사람으로 태어나지 않아서거나, 아니면 도박을 좋아하게 될 환경에서 자라지 않아서다.

도박 의존증인 사람은 궁극적으로 운이 나쁘다고밖에 표현할 수가 없다. 그런데도 도박을 하느냐 마느냐를 결정할 여지가 존재하므로 그 책임은 본인이 지도록 해야 한다.

도박으로 날린 재산을 국가가 보상하는 것은 그다지 바람직하지 않다. 국가가 보상을 해주면 도박할지 말지를 결정할 때 갈수록 도박하는 쪽을 선택하는 사람이 늘어나기 때문이다. 지진으로 재산을 잃는 불가항력의 사건과는 다르다.

형벌은 읍참마속의 심정으로

이하라 사이카쿠의 『(신판) 색을 밝히는 5인의 남녀』에 수록된

일화 중 하나인 '절절한 사랑으로 숯덩이가 된 채소장사 딸의 이야기恋草からげし八百屋物語'▼는 실화를 바탕으로 한 것이다. 열다섯 살의 채소장사 아가씨 오시치ぉ七는 연인을 만나고 싶다는 이유로 집에 불을 질러서 화형을 당한다.

방화는 당시에 수천수만 명의 목숨을 앗아갈 가능성이 있으므로 큰 죄로 여겼다. 그렇긴 하지만 이 이야기를 읽으면 방화가 가져오는 참사와 화형을 당하는 공포로 전전긍긍하다가 결국에는 타죽고 마는 오시치가 그저 측은할 따름이다.

죄를 저질러서 감옥에 갇히거나 처형당하는 인생은 비참할 수밖에 없다. 형벌이 무서워서 범죄를 피하는 이성이 마비되어 합리적인 행동을 못 한다면 일종의 장애라고도 할 수 있다.

그런데도 범죄를 저지를지 말지에 선택의 여지가 있고, 형벌에 억제효과가 있는 한 무죄로 방면해서는 안 된다. 따라서 형벌은 항상 읍참마속의 심정으로, 즉 제갈량이 눈물을 머금고 마속의 목을 베었듯이 사사로운 감정을 버리고 엄정히 법을 집행해야 한다.

본래대로라면 어떤 인간이든 행복하게 살 권리가 있다. 그러나 안타깝게도 신이 이 세상을 불완전하게 만든 탓에 내버려두면 범죄에 손을 대는 인간이 적지 않다. 국가는 이른바 신

▼ **恋草からげし八百屋物語** 고이구사恋草는 타오르는 불꽃같은 사랑을 무성하게 자란 풀에 비유한 말이고, 가라게시からげし는 타고 남은 장작을 재가 되기 전에 항아리에 넣어 만든 숯을 말한다.

이 저지른 잘못을 뒤치다꺼리하듯이 범죄자에게 형벌을 줄 수밖에 없다. 설사 범죄자가 측은하더라도 처벌해야만 하는 것이다.

정토진종▼에 '혼간보코리本願誇り'라는 말이 있다. 신란▼▲은 '모든 인간은 번뇌를 가진 악인이지만 그것을 자각한 사람만 아미타불이 구원하는 대상이다'라는 '악인정기惡人正幾'를 설파했다.

그러자 이 악인정기의 말뜻을 오해해 범죄를 저질러도 어차피 구원받는다며 작정하고 악행을 저지르는 자가 나타났다. 이것이 제자 유이엔唯円이 신란의 말을 바탕으로 이단을 한탄한 언행록『탄니쇼歎異鈔』제13조에 등장하는 '혼간보코리'다. 그 소문을 들은 신란은 "해독제가 있다고 해서 독을 즐기지 말라"라고 말했다. 해독제가 있다고 해서 독을 마시는 것은 잘못이라는 뜻이다. 그리고 계속해서 아미타불의 불가사의한 힘을 믿고 악행을 일삼는 자일지언정 극락왕생할 수 없

▼ 浄土眞宗 신란親鸞이 창시한 불교의 일파로, 아미타불의 정토에 태어나서 득도하는 것을 목적으로 한다. 진종이라고도 하며 흔히 잇코슈一向宗, 몬도슈門徒宗라고도 한다. 정토종과 마찬가지로『무량수경無量寿經』,『관무량수경観無量寿經』,『아미타경阿弥陀經』의 정토삼부경浄土三部經을 근본 경전으로 하며 그중『무량수경』이 주요 경전이다. 대표작『교행신증教行信証』은 후세에 입교와 개종의 근본 성전이 되었다.

▼▲ 親鸞 1173~1263, 가마쿠라 시대의 불교인 정토진종의 창시자. 신심위본信心為本이라는 아미타불에 대한 절대적인 신앙이 왕생의 중요한 의미며, 그것의 상징적인 표현인 '악인정기'는 신란의 특이한 사상으로 평가한다. 저서로 아미타불의 서원의 힘의 입장에서 정토교의 교리를 순화하고 체계화한『교행신증』을 비롯해『유신초문의唯信鈔文意』,『정토문류취초浄土文類聚鈔』,『우독초愚禿鈔』,『일념다념문의一念多念文意』등이 있다.

는 것은 아니라고 설파하며 아미타여래의 평등한 자비를 강조한다.

나는 신앙심이라고는 없는 인간이다. 그래서 악인정기의 의미를 '인간은 많든 적든 못된 짓을 하기 마련이지만 그래도 어떤 인간이든 행복하게 살 권리가 있다' 정도로 이해하면 될 듯싶다.

그런데 피안은 고사하고 이승의 이 사회는 범죄자를 처벌해야만 운영할 수 있다. 형벌이 없으면 아미타불의 서원을 무기로 악행을 일삼는 자들이 생기듯이 작정하고 저지르는 범죄가 횡행하기 때문이다.

게으른 사람은 불운하다

도박 의존증이든 범죄든 모두 경제학에서 말하는 '제한된 합리성bounded rationality'의 문제다. 만일 인간이 완벽하게 합리적으로 행동한다면 보통은 재산과 가족을 잃는 도박으로 인생을 망치지 않을 테고, 형벌이 두려워서 범죄에는 손도 대지 않을 것이다. 물론 형벌을 전혀 두려워하지 않는 범죄자는 논외다.

대개는 합리적으로 행동해 일신의 파멸을 피하지만 합리적으로 행동하지 못하는 사람도 있다. 단, 후자도 어느 정도 형벌을 두려워해서 범죄를 자제할 가능성이 있으므로 형벌은 의미가 있다.

거꾸로 말하면 의사결정 능력이 없고, 합리적인 행동이 전혀 불가능해 보이는 사람은 무죄방면도 가능하다. 실제로 책임 능력이 없다고 정신 감정을 받은 장애인과 아동에게는 형벌을 부과하지 않는다.

사람에게 의사결정 능력이 없으면 형벌이라는 위협은 효과가 없으므로 있으나 마나다. 그렇다고 해서 보복 감정을 해소하기 위한 형벌의 가치까지 상실하는 것은 아니다. 일단 여기서는 책임 능력이 없는 사람에게도 형벌을 주어야 하느냐는 의견에는 개입하지 않기로 하겠다.

한참을 돌아서 드디어 나태가 초래하는 빈곤에 관해 생각해보겠다. 먼저 여러분이 노력해서 좋은 회사에 들어가 충실하게 직장생활을 하고 수입도 많다면 결국은 운이 좋아서일 뿐이다.

열심히 노력해봤자 성공할지 말지는 순전히 운이 결정한다고 강조하려는 것은 아니다. 그보다도 '노력하는 능력'을 타고난 것 자체가 행운의 선물이라는 점이 중요하다.

현명하게 태어났다면 물론이고, 노력해서 현명해졌다 해도 노력하는 능력을 타고났으니 역시 운이 좋다고 할 수 있다. 노동의욕이 높은 사람은 그 요인이 유전이든 환경이든, 아니면 둘 다든 운이 좋은 것은 변함이 없다.

지금부터 노숙자가 되는 불운에 관해 생각해보겠다. 일하지 않는 노숙자들을 못마땅하게 여기는 사람과 여러 번 논의한 적이 있는데, 다음과 같은 사례를 상상해보기 바란다.

중학생 때 학급 전원에게 무시당하고, 수업 중에 등을 컴퍼스로 찔리는 등의 처절한 괴롭힘을 당해서 인간을 불신하고, 고등학교에 합격하긴 했지만 가는 둥 마는 둥 하다가 자퇴한 뒤 줄곧 집에만 틀어박혀 지내는 35세 남성이 있다고 하자.

어쨌거나 그는 타인을 만나는 것이 두려워서 견딜 수가 없다. 다른 사람을 만나기만 해도 끔찍한 괴롭힘을 당했던 때의 기억이 되살아나서 구역질이 난다. 지금은 부모님 집에 얹혀살지만 부모님이 돌아가신 뒤에는 생계가 막막해서 노숙자가 될 수밖에 없다.

그는 게을러서 노숙자가 된 것이 아니다. 그런 그에게 열심히 살라거나 노력하라거나 일하라고 하는 것은 가혹하다. 그가 이런 처지에 놓인 이유는 운이 나빠서가 아닐까. 장애인은 공적 부조를 받건만 어째서 그는 아무런 부조도 받지 못하는지 참으로 이상하다.

한편 만일 나태해서 노숙자가 되었을지라도 역시나 운의 문제이므로 동정해야 한다. 나태한 사람이 노숙자가 되는 이유는 노동의욕이 낮을뿐더러 노숙자가 되지 않으려고 꿋꿋이 일하는 강한 의지가 없기 때문이라고 생각한다. 물론 본인이 원해서 노숙자가 되는 경우는 논외지만 동사凍死할 위험을 무릅쓰고 노숙자가 되고픈 사람은 거의 없다.

기존의 고찰을 통해 밝혀졌듯이 노동의욕이 낮거나 의지가 약한 것도 전부 장애의 일종이므로 게으른 사람은 결국 운이 나쁜 것이다.

게으른 사람이 될지 말지는 전적으로 유전과 환경(과 우연)에 달려 있다. 따라서 장애인과 중증 질환을 앓는 사람과 마찬가지로 당연히 행복하게 살 권리가 있으며, 구제가 필요하다.

그런데도 게으름은 제한된 합리성의 문제여서 장애인과 중증 질환자와 동등하게 대우할 수가 없다. 나태한 생활에 빠졌더라도 도박 의존증이나 범죄와 마찬가지로 의사결정 능력이 작용할 여지는 있다. 따라서 본인이 모든 책임을 지게 할 수 없는 것은 아니다.

하지만 범죄자에게 형벌을 줘서 범죄를 억제해야 하는 것과는 달리 게으른 사람이 국가로부터 급부를 받아 거리를 활보해도 그다지 큰 해는 발생하지 않는다. 물론 게으른 사람이 왕후장상 같은 생활을 할 정도로 지급하면 게으른 사람이 늘어나서 지금 형편으로는 경제를 운영하기가 불가능하다. 따라서 생활에 필요한 최저한의 급부에 그쳐야 한다.

아울러 몸이 부서지도록 일해서 번 돈으로 즐기며 살겠다는 돈에 한 맺힌 사람들이 적지 않을 텐데 그 점은 모쪼록 자비심으로 극복하기 바란다. 어쨌든 일로 성공한 여러분은 노동의욕과 능력을 타고난 행운아니까. 그 점을 의식한다면 게으른 사람으로 태어나거나 자란 불운한 사람들도 구제받아야 한다는 생각이 들 것이다.

존 롤스의 무지의 장막

현대적인 자유주의의 기초를 구축한 미국의 정치철학자 존 롤스는 '무지의 장막veil of ignorance'이라는 유명한 사고실험을 했다. 그 실험을 약간 익살맞게 각색해서 묘사해보겠다.

임시로 태어나기 전의 혼이 있다고 가정하자. 그 혼은 어느 나라의 어떤 임신부의 태내에 깃들지, 어떤 능력을 지니고 태어날지, 어떤 가정에서 자랄지 전혀 모르는 상태다.

이것이 무지의 장막이다. 그렇게 혼끼리 서로 이야기하며 태어날 사회에 어떤 제도가 있었으면 좋을지 결정하기로 한다. 혼들은 노숙자가 되어 객사하거나 얼어 죽는 최악의 상태를 피할 수 있는 제도를 설계할 것이다. 어떤 재능, 어떤 환경에 태어나도 최저한의 삶 이상을 영위할 수 있도록 할 것이다.

이렇게 가장 큰 불행을 최소화하는 것을 가리켜서 차등의 원칙˙이라고 한다. 여담이지만 많은 사람이 간 나오토菅直人 수상 시절에 내걸었던 '최소불행사회最小不幸社會'라는 슬로건을 기억할 것이다. '최소'도 '불행'도 부정적인 뉘앙스를 풍겨서 평판이 나빴으나 이 문구는 '이중부정'이므로 당연히 긍정적인 의미이며, 롤스의 차등의 원칙을 기초로 하므로 내력도

▼ **difference principle**　정의의 원리 중 하나로 내용은 가장 불리한 입장인 사람의 이익의 최대화다. 존 롤스가 『정의론』에서 제1원칙 '평등한 자유의 원칙principle of equal liberty'과 함께 주장한 제2원칙이다. 각 원칙의 우선순위는 평등한 자유의 원칙, 기회 균등의 원칙, 차등의 원칙 순이다. 롤스는 차등의 원칙에 의한 단순하고 자연적인 자유와 공정한 기회 균등의 요구를 초월한 민주주의적 평등을 지향한다.

훌륭하다.

이 사고실험이 재미있는 이유는 내가 앞서 말한 것과는 다른 형태로 인간에게 자유의지가 존재하지 않는다는 사실을 제시했기 때문이다. 이 실험에서는 '나는 어떤 처지로 태어나더라도 착실하게 일하므로 최저한의 생활보장은 필요 없다'라는 이론은 성립하지 않는다.

실제로 일하지 않아서 노숙자가 된 사람이 존재하는 한 그런 사람에게 여러분의 혼이 깃들 가능성을 부정할 수 없다. 물론 태어나면서부터 노숙자는 아닐 테지만 피치 못할 사정으로 노숙자가 되어야 하는 환경에서 태어나지 말라는 법이 어디에 있는가.

여러분에게 극기심과 노동의욕이 있어도 그것은 그저 이승의 성격이지 이 사고실험을 하는 혼에는 가져갈 수가 없다. 달리 표현하면 혼 자체에는 아무런 능력도 성격도 따라가지 않는다. 우리의 혼은 어떤 인간으로 태어난 이후의 인생을 영화처럼 보여줄 뿐이다. 좋은 영화를 보여줄지 나쁜 영화를 보여줄지는 주사위를 던지듯이 무작위로 결정되므로 우리에게 선택의 여지는 없다.

파스칼은 『팡세』에서 "어째서 내가 저기에 있지 않고 여기에 있으며, 그때 있지 않고 지금 있는지를 모르기 때문이다. 누가 나를 여기에 두었는가? 누구의 명령과 조치로 이곳과 이때에 내가 놓이게 되었는가?"라고 자문했는데, 그것에 명확한 대답은 없으며 그저 우연에 불과하다. 여러분이 노숙자가 아니고 회사원인 것도 단순한 우연일 뿐이다.

그렇다면 이 사회에는 기본소득이 필요하다는 말이 아닐까. 노숙자로 전락해서 객사하는 인생을 살지 않게끔 사회제도를 마련하자는 마음이 샘솟지 않는가.

그런데도 롤스 자신은 사실 기본소득을 부정한다. 온종일 해변에서 서핑하며 놀기만 하는 자유기고가(그냥 파도타기를 하는 사람)의 생계를 보장해줄 의리는 없다는 이유에서다. 세상에는 훨씬 형편이 어려운 사람이 많으니 그런 사람에게 정부의 돈을 써야 한다는 것이다. 일하는 빈곤층working poor처럼 열심히 일해도 생계를 유지하는 것조차 힘든 가난한 사람은 놀기만 하는 서퍼보다 불우하다고 생각하기 때문이다.

그에 대해 기본소득 지지자인 토니 피츠패트릭▾은 『자유와 보장Freedom and security』에서 네 가지 정도 반론을 제기한다. 그 가운데 하나는 자유기고가와 그렇지 않은 사람을 구분하기가 힘들다는 것이다.

피츠패트릭의 의견에 나는 다음과 같은 반론을 덧붙이고 싶다. 우선 서퍼는 집안이 유복해서 먹고 놀며, 그의 부모는 필시 거액의 세금을 내고 있을 것이라고. 따라서 세대 단위로

▾ Tony Fitzpatrick 1966~. 에든버러대학에서 박사학위 취득 후 현재 영국 노팅엄대학 사회과학부 교수로 재직 중이다. 주요 저서로 『환경과 사회정책의 이해』, 『유토피아를 향한 여행』 등이 있다.

봤을 경우 서퍼는 자유기고가가 아니다.

이어서 유복하지도 않건만 허구한 날 서핑만 하고, 일이 있어도 거들떠보지도 않으며, 돈을 벌기 위한 기술을 익히지 않아서 이내 쪽박을 차는 경우는 앞서 예를 든 게으른 사람이다.

조만간 끼니를 걱정해야 할 판인데도 서핑을 그만두지 못하는 이 서핑 중독자가 노숙자가 된다면 일하는 빈곤층보다 비참할지 모른다.

다행히 그 혼이 위대한 정치철학자인 롤스에게 깃들었으니 망정이지 행여 서핑 중독자에게 깃들면 어찌 될지 누구도 장담 못 한다. 롤스의 혼은 우연히 위대한 정치철학자라는 성질을 갖춘 것이다. 인간의 영혼이 가진 모든 능력과 성격은 그저 우연의 산물이다.

이처럼 사물이 일시적으로 우연히 가지게 된 성질을 우유성偶有性이라고 하는데, 이를 의식한다면 어떤 악인과 게으른 사람에게도 연민의 정을 느낄 것이다.

우리 개개인은 신도 아미타여래도 아니므로 모든 사람에게 구원의 손길을 내밀 수는 없다. 그래도 기본소득의 도입에 성공만 하면 누구나 구제받고 최악의 빈곤에서 벗어날 수 있는 사회를 구축할 수 있다.

노동은 미덕인가?

'회사에 길들여진 직장인'에게 유감스러운 통보

애초에 노동의욕이 없거나 나태한 것이 그렇게나 무거운 죄
일까.

AI가 고도로 발달하고 기본소득이 보급된 미래사회인 '탈
노동사회'에서는 오히려 근면이 지금만큼 미덕은 아닐 것이
다. '탈노동사회'는 오늘날 회사에 맹목적으로 봉사하는 사람
들에게는 대단히 애석한 사회다. 노동에서 사는 보람을 느끼
는 그런 사람들은 조만간 가치관을 바꿔야 할 것이다.

그러나 절대 어려운 일은 아니다. 사람들은 노동하지 않는
것에 곧 익숙해지기 마련이다. 노동은 인간의 본질도 무엇도
아니기 때문이다.

근세와 근대는 악착같이 일해서 더 많은 임금을 받는 것을
미덕으로 알던 특수한 시대다. 인류는 유사 이래 장구한 기간
을 통해서 노동을 그다지 존중한 적이 없었다. 특히 고대 그리
스에서는 노동은 주로 노예의 역할이었으며 시민은 아주 질
색했다. 그런데 르네상스 이후의 유럽인은 고대 그리스를 자
신들의 정신적인 원류라고 여겼으면서도 그들이야말로 오히
려 재빨리 노동윤리를 습득하기에 이르렀다.

군사혁명과 자본주의

우리가 죽도록 일해야 했던 재앙은 애초에 중국의 송 왕조에서 발명된 총이나 대포 등의 화기가 몽골제국을 통해 14세기의 유럽에 전파되면서 시작되었다.

그 뒤 2세기가 지난 16세기의 '군사혁명'으로 유럽의 군대는 크게 변모해 창을 든 소수의 중장기병重裝騎兵, heavy cavalry 대신 구식 소총musket을 든 여러 명이 횡렬로 이동하는 보병이 주력이었다.

처음에 대포의 역할은 전장에서 굉음으로 적을 위협하는 정도가 고작이었다. 그런데 1453년에 오스만제국의 다르다넬레스 대포▼가 콘스탄티노플의 견고한 성벽을 무너뜨리고, 다시 1494년에 프랑스의 국왕 샤를 8세가 이끄는 40문 이상의 공성포攻城砲(성이나 요새를 공격할 때 쓰는 화포)가 이탈리아의 성채城砦(성과 요새)를 하루 만에 함락시키자 그 효율성은 누가 보아도 명백했다.

그 후 포격에 견딜 수 있는 새로운 방식의 요새(이탈리아식 축성술을 기초로 한 요새) 건축과 화기의 대량생산, 다수의 병사를 위한 병참兵站(군사작전에 필요한 인원과 물자를 관리·보급·지원하는 일) 기지의 건설 등으로 전쟁에는 막대한 돈이 들게 되었다. 군

▼ Dardanelles Gun   개발자인 15세기의 헝가리인 우르반Orban을 기념해서 '우르반 거포'라고도 한다. 우르반은 처음에 동로마제국에 대포를 팔려고 했으나 거절당하고 감옥에 들어갔기 때문에 오스만제국의 편을 들었다고 한다.

사혁명 이후에 군주가 다른 나라를 순조롭게 정복하려면 용맹하고 결단력이 뛰어난 병사보다 군대의 편성과 유지에 쓰이는 자금이 불가결했다. 그리고 탄도 계산과 병사의 편성에는 수학이 필요했으므로 16세기의 군사교본에는 일반적으로 제곱과 제곱근a square root 표가 실려 있었다.[26]

수학은 역사적으로 중국, 인도, 이슬람권 등의 각 지역에서도 이따금 발달했으나 근세 유럽에서는 군사상의 필요 때문에 급속하게 끊임없이 발달해 세계를 철저히 수량화해서 파악하게 되었다.

이리하여 전쟁의 승패를 결정하는 요인은 용맹한 기병이 아니라 경제력과 과학기술력이 되었고, 유럽 각국의 주권자는 군사력을 지탱하는 경제력을 증강하기 위해 중상주의 정책을 채택하는 동시에 과학기술을 진흥시켰다. 경제력과 과학기술력의 끊임없는 발전은 18~19세기에 산업혁명으로 이어졌으며, 영국을 비롯한 서유럽 국가들의 경제는 자본주의(산업자본주의)로 이행했다.

독일의 사회과학자 베르너 좀바르트▾가 말했듯이 유럽의 전쟁이 자본주의를 낳은 것이다. 경제발전은 특히 2차 세계대전 이후에는 사람들의 생활 향상을 위해 촉진되기도 했으나

▾ **Werner Sombart** 1863~1941. 독일의 경제학자이며 사회학자. 브레멘상공회의소 고문을 거쳐 브레슬라우대학, 베를린대학 교수를 역임했다. 주요 저서로 『사랑과 사치와 자본주의』, 『사치와 자본주의』, 『세 종류의 경제학』, 『동유럽경제론』 등이 있다.

중상주의 시대의 목적은 다른 나라를 병탄하고 유린하기 위해서였다.

독일의 사회학자 막스 베버는 개신교의 금욕주의와 노동윤리가 자본주의 정신을 가져오고 나중에는 그러한 금욕주의의 지지 없이 자본주의가 독립해서 발전했다고 했으나 오히려 이렇게 말해야 한다. 전쟁이 자본주의를 낳았으나 나중에는 전쟁 없이도 자본주의는 계속 발전했다고.

노동윤리는 고문으로 만들어졌다

베버의 설은 다양한 비판에 직면했는데 개신교가 노동윤리를 조성하는 역할을 한 것은 확실하다.

중세 유럽에서는 공동체 안에서 상호부조가 이루어졌고, 역대 교황은 자주 빈곤구제에 힘썼다. "부자가 천국에 가는 것은 낙타가 바늘구멍을 통과하기보다 어렵다"라는 성경 구절처럼 빈곤이 신의 섭리라고 생각했으므로 교회는 적극적으로 가난한 사람들에게 자선을 베풀었다.

그런데 근세에 접어들면서 기독교를 바탕으로 한 이러한 빈민구제 사상은 큰 전환점을 맞이한다. 16세기 종교개혁 지도자 마틴 루터는 나태를 엄격히 규탄하고, 노동은 사람들의 신성한 의무라고 호소하며 거지를 근절하려고 했다.

그런데도 '사람들은 개신교 신자가 되어 스스로 노동윤리에 눈떴다'라기보다는 '경제발전을 배경으로 지배자가 개신교 신자의 교의와 함께 폭력을 이용하여 사람들에게 노동윤리를 이식했다'라고 하는 편이 실정에 맞는다.

이를테면 16세기의 영국에서는 '빈민구제'라는 명분 아래 거지를 피가 날 때까지 채찍질하거나, 빈민을 교정원矯正院에 수용해서 강제노동으로 내모는 일이 성행했다.

네덜란드 암스테르담의 교정의 집은 무엇보다도 형벌제도의 성격을 띠고 있었다. 빈민뿐만 아니라 비행 청소년도 그곳에 감금되었다. (중략) 게으름을 없애는 것은 노동수용소의 주요 임무 중 하나였고, 가혹한 방식으로 실행되었다. 암스테르담에서는 재범자를 물이 천천히 채워지는 지하실에 감금했다. 죄수는 익사하지 않으려면 주어진 펌프로 끊임없이 물을 빼내야만 했다. 이러한 방식은 게으름을 없애고 노동습관을 갖게 하려는 것이었다. 18세기의 프랑스에서는 구걸을 범죄로 간주했다. 구걸하다가 체포되면 처음에는 종합병원에 적어도 두 달 동안 감금되었다. 재범자인 경우는 최소한 석 달 동안 수감했으며 몸에 'M'(걸인이라는 뜻의 mendiant를 의미)이라는 낙인을 찍었다.[27]

이처럼 우리가 지금 당연하게 여기는 노동윤리는 근세의 지배자가 고문을 이용해서 폭력적으로 만든 것이다.

16세기부터 17세기에 걸쳐 '교정원'이나 '작업장'(구빈원)이라고 부르는 강제노동시설이 서유럽 곳곳에 만들어졌다. 독일 내의 개신교 지역에 있는 강제노동시설이 63개였던 데 비해 가톨릭 지역에는 겨우 10개 이하였다고 한다.[28] 개신교의 교의가 사람들에게 노동윤리를 이식하는 데 유용했던 것은 분명하지만 가톨릭 지역에서도 마찬가지였다.

폴란드의 역사가 브로니슬라프 게레멕[▼]은 『빈곤의 역사─교수대인가 연민인가』에서 다음과 같이 말했다.

사회정책에 강제노동을 포함시키고 그것을 구걸에 대한 투쟁 수단으로 활용한다는 생각은 신교의 발명품이 아니었다. 이미 우리가 보았던 것처럼 이러한 방식의 유용성은 16세기 로마의 거리에서 빈민들을 제거하려 했던 교황의 계획을 통해 널리 알려져 있었다. 또한 강제노동은 가톨릭의 사회적 교리와 가톨릭 시 당국이 실행했던 지역 프로그램에서 중요한 역할을 담당하고 있었다.[29]

그럼 노동윤리가 보급된 근본 요인이 무엇인가 하면 바로 경제발전이다. 그 증거로 네덜란드 같은 당시의 경제적 선진 지역에서는 게으른 사람에게 특히 가혹한 고문을 했다.

게레멕은 또 다음과 같은 말도 했다.

▼ Bronislaw Geremek 1932~2008. 폴란드의 역사학자, 정치가. 폴란드 자유노조투쟁 당시 레흐 바웬사의 최측근으로 활동했다. 폴란드 외무장관과 유럽안보협력기구OSCE 의장, 유럽의회 의원으로 활동했다. 저서로 「14~15세기 파리의 주변인Les marginaux parisiens aux xive et xve siecles」, 「카인의 아들Les fils de cain. l'image des pauvres et des vagabonds dans la litterature europeenne」 등이 있다.

빈민의 '감금'과 '노동'을 통한 재교육정책의 다양한 모습은 그것이 적용되는 사회문화적 맥락에 따라 결정되었다. 이러한 정책은 무엇보다도 경제적으로 가장 발전된 지역에 뿌리를 내렸다. 그리고 이 지역들에서는 주로 신교가 지배적이었는데, 신교의 노동윤리에 따른 행동 유형들이 떠오르는 산업사회의 요구에 잘 들어맞았기 때문이다.[30]

군사혁명 이후 유럽에서는 상업자본주의가 발전했다. 상업자본주의가 발전하려면 노동이 필요하므로 노동윤리를 이식하기 위해 개신교의 교의와 함께 고문을 이용한 것이다.

동아시아에서는 안정과 질서를 선호했다

일본인의 선조들은 천주교 신자여서 고문을 당한 적은 있어도 게으르다는 이유로 혹독하게 탄압당한 적은 없었다.

기껏해야 니노미야 손토쿠▼가 추운 날에 일하다가 모닥불을 쬐며 잡담하던 노동자를 큰소리로 꾸짖고 알몸으로 일하라고 명령했다거나, 게으른 농민에게 형벌로 쇠고랑을 채웠

▼ 二宮尊德　1787~1856, 에도 시대의 가난한 농가에서 태어나 주경야독해서 자수성가한 경험을 지역재건사업으로 발전시켰다. '나뭇짐을 지고 책을 읽는 농부상'으로 익숙한 인물로서 합리적이고 풍부한 농업지식으로 유명했으며, 음덕과 근검을 강조하는 그의 사상과 행동은 보덕사 운동報德社運動으로 계승되었다. 『논어』의 '이덕보덕以德報德'에서 유래하는 보덕은 천·지·인 삼재三才의 덕에 실천적 덕행으로 보답하는 것을 의미하며, 농촌의 갱생을 도모하는 일종의 농촌 신용조합 운동의 성격을 가진 결사다.

다는 에피소드가 남아 있는 정도다. 니노미야 손토쿠는 유교적 윤리를 농민에게 보급하고 근면성을 기르려고 했으나 결국은 성공하지 못했다. 그러한 의미에서 니노미야는 실패한 동양의 루터다.

역사학자인 하야미 아키라▾ 씨가 에도 시대에 '근면혁명'이 일어났다는 설을 주장했다. 농업에서 기존에 썼던 가축을 줄이고 인간의 노동력을 더 많이 투입하게 되었다는 설이지만 실제로는 일부 농민만 근면해졌다. 막부 말에 찾아온 서양인이 일본인의 짧은 노동시간에 놀랐을 정도다.

그럼 어째서 유럽에서 탄생한 노동윤리가 일본인의 몸에도 흡수되었을까? 19세기에 '근대 세계시스템'(근대적인 유럽의 경제체제, 후술)이 전 세계를 뒤덮고, 군사혁명 이후 일본도 휩쓸려서 군비확충 경쟁에 열을 올렸기 때문이다. 기존에 일본이나 중국도 오랜 세월 평화를 구가했으므로 군비확충 경쟁은 참으로 이웃 나라에 폐를 끼치는 짓이다.

대포는 중국의 송 왕조에서 탄생했으나 명 왕조 이후 오래도록 평화로웠으므로 군사기술은 정체했다. 오죽했으면 명의

▾ 速水融 1929~, 게이오대학 교수와 국제 일본문화연구센터 교수를 거쳐 현재 레이타쿠麗澤大學 명예교수다. 문화공로상을 수상했고 일본학사원 회원이며 문화훈장을 받았다. 주요 저서로 『근세 일본의 경제발전과 근면혁명—역사인구학으로 본 산업혁명 VS 근면혁명』, 『근세 노비지방의 인구·경제·사회近世濃尾地方の人口·經濟·社會』(학사원상 수상), 『근세 농촌의 역사인구학적 연구近世農村の歷史人口學的硏究』, 『역사인구학으로 본 일본歷史人口學で見た日本』, 『에도 농민의 삶과 인생江戶農民の暮らしと人生』 등이 있다.

군대는 국경을 위협하는 신흥부족인 여진족에 자국에서 개발한 대포가 아니라 포르투갈에서 들여온 대포로 요격해야 했다. 여진족은 명을 격파하고 중국에 청 왕조를 세웠는데 역시 군사기술의 진보는 정체되었고, 청 왕조 말기에는 아는 바와 같이 아편전쟁에서 영국에 완패했다.

일본에서도 전국 시대 말기에 군사혁명이 일어나 유럽을 능가하는 총 생산국이 되었다. 이어지는 아즈치모모야마▼ 시대는 일본이 역사상 군사적으로 세계 최강이었을 가능성이 있는 유일한 시대다.

하지만 에도 시대에 군비축소가 이루어져 군사혁명의 성과는 무시되었다. 동아시아에서는 혁신과 경제발전보다 안정과 질서를 선호했기 때문이다.

유럽 세계경제에서 근대 세계시스템으로

근세 이후 유럽에서는 작은 나라가 난립해 패권을 다투었다. 영국 출신의 역사학자 에릭 존스Erik Jones는 이러한 상태를 '제국병존상태諸國併存狀態'라고 불렀다.

미국의 사회학자 이매뉴얼 월러스틴▼▲은 '제국병존상태' 대

▼ **安土桃山**　오다 노부나가와 도요토미 히데요시가 정권을 장악했던 시대(1568~1603년)로 쇼쿠호織豊 시대라고도 한다. 오다 노부나가의 본거지가 아즈치성安土城이고 도요토미 히데요시가 말년에 거처하던 곳이 교토, 모모야마桃山의 후시미성伏見城이어서 붙은 이름이다. 30년 간이나마 정치·사회·경제상의 근세적 봉건체제가 정비되고 막번幕藩체제의 기초가 형성되어 중세에서 근세로 이행하는 중요한 전환기였다.

신 '세계경제'라는 말을 썼다. 우선 이 '세계'라는 말은 지구 전체가 아니라 동아시아 세계나 이슬람 세계, 유럽 세계 같은 각 지역을 의미한다.

일상적인 재화의 교환이 이루어지는 이러한 넓은 지역을 '세계시스템'이라고 한다. '세계시스템' 중 정치적으로 통합된 것이 '세계제국'이고, 통합되지 않은 것이 '세계경제'다. 세계경제는 대개 정치적으로 통합되어 세계제국으로 변질하는데, 유일하게 통합을 피한 근세 유럽의 세계경제는 이윽고 지구상의 모든 지역을 포섭하기에 이른다. 월러스틴은 그것을 '근대 세계시스템'이라고 부른다.

제국병존상태, 즉 세계경제가 상당히 오랜 기간 이어진 그 밖의 역사적인 예로 가장 현저한 것이 중국의 춘추전국 시대다. 중국의 이 시대는 여러 가지 의미에서 근세와 근대를 앞질렀다. 가령 메이지 정부가 이용한 '부국강병'이라는 구호는 원래 전국 시대의 제후가 채택했다. 국가 경제력을 높이고 군사력을 강화하는 방책을 의미했다.

전국 시대의 국가 간 전쟁은 매우 치열해서 한 번의 전쟁으로 수십만 명의 사망자가 나온 적도 있었다. 귀족만이 아니라

▼▲ Immanuel Maurice Wallerstein 1930~. 뉴욕주립대학 교수와 동 대학 산하의 페르낭 브로델센터 소장과 세계사회학회 회장을 역임했다. '세계체제 분석'의 선구적인 업적으로 유명하다. 주요 저서로 『근대세계체제 1~4』(1권으로 소로킨상 수상), 『월러스틴의 세계체제 분석』, 『유럽적 보편주의』, 『우리가 아는 세계의 종언』, 『지식의 불확실성』, 『미국 패권의 몰락』, 『역사적 자본주의/자본주의 문명』 등이 있다.

서민과 노예도 병사로 동원되었기 때문이며, 진나라에서는 특히 신분제도가 조금씩 완성되었다. 국민개병(모든 국민에게 부과되는 병역의 의무) 제도가 프랑스 혁명 직후에 탄생했다는 주장과 달리 그보다 2,000년쯤 전의 중국에서 이미 탄생한 것이다.

'총력전'은 국가의 존망을 건 싸움이며 거기에는 경제력과 과학기술력부터 사상에 이르기까지 모든 국력이 동원된다. 사상 최초의 '총력전'은 1차 세계대전이라고 하지만 전국 시대 말기의 전쟁은 이미 '총력전' 양상을 띠었다.

사상이라고 하면 유럽의 사상 대부분이 근세와 근대에 탄생했듯이 중국의 사상도 대부분 춘추전국 시대에 탄생한다. 유교(유가), 도교(도가), 묵가, 병가兵家, 법가 등 '제자백가'라고 일컫는 다양한 사상이 꽃을 피웠다.

결국은 법가의 법치주의를 도입한 진이 천하를 통일했고, 법치주의 또한 근대보다 2,000년이나 앞서 존재했다고 할 수 있다.

춘추전국 시대의 분석은 근세, 근대의 분석에 유용하다. 요컨대 이러한 춘추전국 시대와 근대의 유사성은 유럽이 세계에서 가장 먼저 근대화에 성공한 주된 요인이 제국병존상태라는 증거다.

물론 춘추전국 시대의 세계경제가 확장해 지구 전체를 휩쓸거나 자본주의를 탄생시킨 것은 아니다. 그 시대에는 지구

규모의 교통수단은 고사하고, 자본주의에 필요한 기계설비도 없었으니 당연하다.

거꾸로 말하면 대항해를 가능하게 한 교통수단과 기계식 시계를 제작할 수 있는 기술이 발달한 근세에 중국은 명 왕조와 청 왕조 아래서 안정된 세계제국을 구축하고 안도했기에 근대 세계시스템과 자본주의가 탄생하지 못한 것이다.

17세기의 세계지도를 펼치면 유럽 이외의 유라시아 대륙은 세계제국(근세제국)에 지배당한다. 동아시아에 중국의 청 왕조, 인도에는 무굴제국, 중동에는 오스만제국, 기타 영역에는 대부분 러시아제국이 분포한다.

반면에 대지가 알프스산맥, 피레네산맥, 도버해협, 아르덴 Ardennes 숲(서부 유럽의 삼림으로 우거진 고원지대) 등의 천연 장애물로 나뉘어 있는 유럽에서는 전 지역을 지배할 제국이 출현하지 않아 제국병존상태가 끝없이 이어졌다. 다수의 국가가 공존하며 서로 우위를 다툰 것이다.

지금의 독일을 중심으로 펼쳐져 있는 신성로마제국은 프랑스의 사상가 볼테르가 말했듯이 "신성도, 로마도, 제국도 아니었다." 내부에 분열된 300개 이상의 영지를 끌어안고 있어서 하나의 통일된 제국으로 볼 수가 없다.

영국 출신의 역사학자인 제프리 파커▾의 『군사혁명: 군사혁신과 떠오르는 서양 1500~1800년 The Military Revolution: Military Innovation and the Rise of the West, 1500-1800』에 따

르면, 유럽 지역의 완전한 평화는 16세기는 10년, 17세기는 4년, 18세기는 16년도 채 못 갔다고 한다.

유럽이 발흥한 이유와 영국이 최초로 산업혁명을 실현한 이유는 그간 다양하게 논의되어왔다. 케네스 포메란츠의 주장에 따르면, 영국이 중국에는 없는 광대한 식민지와 얕은 지층에 매장되어 있어서 비교적 채굴하기가 쉬운 석탄을 보유한 덕분이라고 말했다. 미국의 역사학자 로버트 알렌Robert Allen은 영국의 임금이 높았던 것을 이유로 들었다.

대부분이 제법 산업혁명의 실현에 일조했을 테지만 끊임없이 전쟁상태를 초래한 '제국병존상태'가 가장 결정적인 요인이었다고 생각한다.

노동윤리는 메이지 정부가 국민에게 이식했다

노동윤리는 16세기의 유럽에서 생긴 풍토에 불과하나 근대 세계시스템의 확산과 더불어 지구상에 만연하고 막부 말에 구로후네黑船(에도 시대 말기에 서양 배를 부르던 이름)가 내항한 것

▼ Noel Geoffrey Parker 1943~. 유럽 군사사軍事史와 스페인 근대사의 전문가로 현재 오하이오주립대학 역사학부 교수로 재직 중이며, 하이네켄상을 수상했다. 주요 저서로 『플랑드르와 스페인 로드의 군대 1567~1659년*The Army of Flanders and the Spanish Road, 1567–1659*』, 『네덜란드의 봉기*The Dutch Revolt*』, 『세상은 충분치가 않다: 스페인 펠리페 2세의 제국의 시각*The World is Not Enough: the Imperial Vision of Philip II of Spain*』, 『초기 근대 유럽의 제국, 세계대전, 신앙*Empire, War and Faith in Early Modern Europe*』, 『펠리페 2세의 세계제패 전략*The Grand Strategy of Philip II*』 등이 있다.

을 계기로 일본도 어쩔 수 없이 이 시스템을 수용하게 되었다. 바꿔 말하면 세계가 제국병존상태가 되어 일본도 패권 경쟁에 참여한 것이다.

그러므로 현재 우리가 자명한 실체처럼 여기는 노동윤리는 유라시아 대륙 서쪽 끝의 유럽에서 발생해 동쪽 끝의 일본에 전파되어 만연한 병에 불과하다. 단, 일본에서도 스페인 감기에 감염되듯이 사람들이 자연스레 노동윤리에 홀렸다기보다는 정부가 인위적으로 강요했다.

메이지 정부의 급선무는 부국강병을 위해 근면한 국민을 만드는 것이었다. 그래서 니노미야 손토쿠를 근면의 상징으로 수신修身(지금의 도덕에 해당하는 2차 대전 중의 학과목) 교과서에서 다루거나 전국의 초등학교에 그의 동상을 세우기도 했다. 니노미야는 죽은 뒤에 성공한 루터가 된 것이다.

후세로 내려감에 따라 유교적 윤리가 침투하고, 근면은 국민의 의무로 변해서 유복한 가정의 자녀라도 놀고먹는 것은 용납되지 않았다.

메이지 시대에는 문화의 담당자로서 허용되었던 '고등실업자'도 점차 그 지위가 낮아졌다. '고등실업자'는 엘리트 교육을 받았어도 일하지 않고 책이나 읽으며 지내는 전쟁 전의 젊은이들을 가리킨다.

지금은 부자든 아니든 일하지 않는 이른바 니트족은 모조리 경멸의 대상이지만 그때나 지금이나 메이지 시대 이후 정부가 국민에게 노동윤리를 이식한 성과다.

나는 노동윤리의 역사적 역할을 꼭 부정하지는 않는다. 일본이 근대화하는 과정에서 어느 정도는 필요했을 테지만 영원히 강박관념처럼 안고 살아서는 안 된다.

물론 가난한 가정이어도 가족 중에 일하지 않는 사람이 있으면 누구나 일하기를 바랄 것이다. 하지만 그것은 생판 남이 이러쿵저러쿵할 문제가 아니다. 하물며 부자의 자녀가 놀고 먹는다고 한들 무엇이 잘못이란 말인가.

땀을 뻘뻘 흘리며 일하는 가난한 가정의 자녀를 생각하면 불공평하다고 생각할 수도 있다. 그러나 애초에 사회는 불공평해서 빈부의 차는 엄연히 존재하므로 촌스럽게 개개인의 생활방식에 대해 이러쿵저러쿵 말참견하기보다는 빈부의 차를 좁히려고 재분배를 강화하는 편이 낫지 않을까.

그래서 나는 '유교적 윤리 대 자유지상주의'라는 대립축을 가정했다. 유교적 윤리를 기초로 하면 부자여도 놀지 말고 일해야 하고, 자유지상주의를 기초로 하면 일을 하든 말든 개인의 자유다.

유교적 윤리는 '잃어버린 20년' 동안 어떤 면에서는 강화되어 이른바 '살기 힘든 사회'를 만들었다. 앞서 말했다시피 과도한 유교적 윤리를 중화하려면 신자유주의, 즉 채찍질주의와는 다른 진정한 자유지상주의를 지금 다시 한번 수입할 필요가 있다.

그래 봤자 놀고먹는 것은 여전히 부자의 특권에 그친다. 가난한 사람도 포함해서 실질적으로 모든 사람이 일하지 않을 자유를 누리려면 기본소득의 도입이 필요하다.

7만 엔의 급부를 받는다고 회사를 그만두는 사람은 극소수일 것이다. 그러나 AI에 의한 폭발적인 경제성장을 실현하면 이 급부액수를 늘릴 수 있다. 궁극적으로는 모든 사람에게 나태해질 실질적인 자유가 주어진다.

노동윤리가 지배적이지 않았던 근대 이전의 가치관을 회복하면 반대로 근대라는 시대를 극복해 미래로 나아갈 수 있다.

산업혁명 이후 오랜 세월 동안 줄곧 '임금의 노예'였으나 미래의 우리는 기꺼이 거기서 해방되어 노동윤리를 반쯤 버려야 한다.

인간이 인간답게 살기 위해―노동시간과 삶의 질

인간은 노예의 지배에 의해서만 자유를 얻는다

4장에서 말했듯이 사회보장제도를 변혁하지 않고 AI만 고도로 진보한 미래의 경제는 디스토피아가 되지만 기본소득을 도입해 반전시키면 유토피아로 만드는 것도 가능하다.

원래 유토피아란 자본가에 의한 착취가 없는 사회라기보다 노동이 필요 없는 사회라고 생각한다. 노동이야말로 인간에게 소외를 초래하는 근본 요인이기 때문이다.

한나 아렌트▼는 『인간의 조건』에서 인간의 활동적 삶vita activa을 '노동labor', '작업work', '행위action'의 세 가지로 나누어 분석하고 '노동'이 우위가 된 근세와 근대 이후의 사회를 비판했다.

인간은 생명을 유지하기 위해 곡물과 고기를 소비해야 한다. 우리가 소비하는 그런 상품을 생산하는 것이 바로 '노동'이다. 다시 말해 노동은 다름 아닌 먹고살기 위한 일이므로 한창 노동하는 인간은 얼룩말을 사냥하는 사자와 마찬가지로 생존본능에 충실한 동물이다. 만일 노동과 소비만을 행위라고 한다면 인간은 그저 태어나서 살다가 죽는 동물적인 삶의 과정을 겪고 있는 데 불과하다.

'작업'은 곧바로 소비되는 것이 아니라 영속적인 인공물을 만드는 일이다. '작업'으로 만들어진 실물은 시와 음악, 가구 등이며 제작자의 사후에도 남을 가능성이 있다. 말하자면 작업은 죽을 운명인 인간에게 위로가 되는 영원성을 가진 것의 제작을 의미한다.

'행위'는 다양하고 평등한 인간끼리의 대화를 의미하며 구체적으로는 정치적 활동이 이에 해당한다. 아렌트는 행위야

▼ Hannah Arendt 1906~1975, 독일 출신의 철학자, 사상가. 주요 저서로 『예루살렘의 아이히만』, 『전체주의의 기원』, 『공화국의 위기』, 『폭력의 세기』 등이 있다.

말로 고립되어서는 이룰 수 없는 가장 인간적인 일로서 그 우위성을 설명한다. "오직 행위만이 인간의 배타적 특권이며 짐승도 신도 행위능력은 없다"[31]라고.

행위는 또한 독특한 개성을 지닌 인간 개개인의 정체를 밝히고, 그들이 어떤 사람인지를 폭로하는 역할을 한다. 그때 행위를 하는 인간은 자신이 어떤 사람인지 모른다.

인격은 의도적으로 드러낼 수 없다. 반대로 타인에게는 분명하고 착오 없이 나타나는 인격이 자신에게는 은폐되기 쉽다. 이는 마치 한 사람과 평생 동행하는 그리스 종교의 다이몬 daimōn(수호령)처럼 뒤에서 어깨너머로 바라보기 때문에 각자가 만나는 사람들만 볼 수 있는 것과 같다. 이는 실로 행위가 타인과의 관계 속에서 생기는 사회적인 행동임을 나타낸다.

아렌트는 특히 '행위'를 중시했으며, 그 점에 관한 한 그녀의 사상은 공동체주의와 겹친다.

이들 세 가지의 활동적 삶 중 '노동'은 고대 그리스에서 '가장 낮고 미천한 지위'에 있었으나 근세에는 루터에 의해 사람들의 신성한 의무가 되었고, 근대에는 존 로크가 '모든 부의 원천'으로서 평가했으며, 급기야 마르크스가 가장 강력하고 일관성 있게 '노동이 최고의 세계를 건설할 수 있는 인간의 능력'이라고 주장하자 인간 활동 가운데 최상위의 지위로 갑작스럽고 눈부시게 상승했다.[32]

아렌트는 이러한 근대의 전복된 가치를 다시 전복시켜서 노동을 그 지위에서 끌어내리는 동시에 작업과 특히 행위를 복권하려 했다. 그녀는 고대 그리스의 노동관에 관해 이렇게 말한다.

노동하는 것은 필연성에 의해 노예가 되는 것을 의미한다. 그리고 이런 노예화는 인간의 삶의 조건에 내재한다. 사람은 살아가는 데 필요한 것들의 지배를 받기 때문에 필연성에 종속된 노예들을 강제로 지배해야 자유를 얻을 수 있다. 노예를 길든 동물과 비슷한 존재로 변형시키기 때문이었다.[33]

이는 인간이 계속 인간으로 존재하려면 노예를 소유해야 한다는 소름 끼치는 생각이다.

반대로 노동을 담당하는 노예로 전락하는 것은 인간에서 가축이 되는 셈이며 죽음보다 나쁜 처지라고도 생각했다. 플라톤은 자살도 하지 않고 태평스럽게 복종적인 지위에 만족하는 노예를 경멸했다고 한다.

노동윤리에 지나치게 물든 오늘날의 일본인은 그토록 철저히 노동을 업신여기는 고대 그리스의 노동관에는 동조하기 힘들 테지만 노동으로 자신의 자유로운 시간을 빼앗기는 정도는 이해하리라고 본다.

AI와 기본소득에 의한 혁명이 가져오는 것

마르크스는 생명을 유지하고 노동력을 재생산하는 데 필요한 액수, 간단히 말하면 기껏해야 자신과 가족을 부양할 수 있는 액수로 임금을 억제해야 한다고 했다.

월 20만 엔 정도의 급료로 가족 세 명을 부양하는 상황을 상상해보라. 마르크스가 살았던 19세기에는 모든 노동자가 그토록 빠듯한 생활을 했다.

노동자는 임금에 상응하는 생산을 하는 데 필요한 '필요노동시간'을 초과해서 일한다. 나머지 노동시간은 '잉여노동시간'이라고 부른다. 필요노동시간은 6시간이고 잉여노동시간이 3시간이라면 노동자는 6시간 분의 임금만 받고도 하루에 9시간을 일한다. 3시간 분의 노동성과는 고스란히 자본가에게 뺏기는 것이다.

노동자가 월 30만 엔만큼의 성과를 냈다면 20만 엔만 월급으로 받고 10만 엔은 자본가가 챙긴다. 이렇게 자본가의 몫인 잉여가치가 산출되므로 착취가 발생한다.

그런데 필요노동시간도 아렌트식으로 말하면 동물적인 삶의 과정 때문에 빼앗기는 것이다. 필요노동시간을 6시간으로 하면 그 6시간은 생명유지를 위해 필요한 시간이며, 인간답게 자유로이 살 수 없는 시간이다.

자신의 시간을 자본가에게 빼앗기건, 삶의 과정에 빼앗기건 빼앗기기는 마찬가지다. 전쟁터에서 총에 맞아 죽건, 쓰나미에 휩쓸려 목숨을 잃건 어차피 죽는다는 사실에는 변함이 없다.

마르크스는 '소외된 노동'이 '인간적 본질을 소외시킨다'라고 말했는데 정확히는 이렇게 말해야 한다. 모든 노동이 인간적 본질을 소외시킨다. 노동은 인간으로서 존재할 수 없게 하며, 인간을 한낱 '노동하는 동물'로 바꿔버리기 때문이다.

자본가에게 착취당하지 않는 자영업자라도 생활수단에 불과한 노동에 많은 시간을 쓰는 한 '작업'과 '행위'에 집중할 수 없으므로 진정으로 인간다운 삶을 영위하기는 불가능하다. 그렇다면 노동자는 자본가에 의한 지배에서 해방되어야 한다기보다는 노동 자체에서 해방되어야 하지 않을까.

따라서 우리는 '노동자가 자본가에게 착취당하지 않는 사회'가 아니라 '모든 사람이 노동하지 않고 자본가처럼 불로소득으로 살 수 있는 사회', 즉 '탈노동사회'를 지향해야 한다.

고도로 자동화된 경제인 순수 기계화 경제의 실현은 그러한 사회의 전제가 된다. 그러나 이미 말했듯이 아무런 사회보장제도가 없으면 순수 기계화 경제는 이 세상을 디스토피아로 바꿔버린다. 그것을 반전시켜서 유토피아로 만들려면 기본소득 같은 보편적인 사회보장제도를 도입해야 한다.

누군가는 차라리 모든 기계와 공장을 국유화해서 그 소득을 평등하게 분배하자고 주장하기도 한다. 하지만 사적 소유의 폐지에는 전제와 폭력, 파국을 몰고 오는 혁명이 따르는 법이다.

그러면 머지않은 미래에 유토피아 비슷하게라도 이룩하려면 AI와 기본소득의 혁명 이외에는 방법이 없다고 생각한다. 그것은 정치적으로는 지금의 민주주의 체제와 다르지 않아도 경제적으로는 노동에서 해방된다는 의미에서 20만 년 전에 인류가 탄생한 이래 최대의 혁명이다.

AI와 기본소득이 보급되고 노동이 사라진 미래사회를 디스토피아라고 여기는 사람도 있을 것이다. 그러나 열역학적 평형상태thermodynamic equilibrium state, 다시 말해 죽어 있는 평형상태처럼 아무런 변화도 일어나지 않는 지루한 세상인가 하면 꼭 그렇지도 않다. 아렌트가 말하는 '작업'과 '행위'에 전념할 수 있는 사회일 것이다. 사실 아렌트 자신은 그 점에 관해 회의적이다.

지난 수십 년간의 발전, 특히 더 진전된 자동화가 열어놓은 가능성들로 인해 우리는 어제의 유토피아가 내일의 현실이 되지 않을까 의심하게 되었다. 그래서 결국 인간의 삶을 구속하는 생물학적 순환의 '수고와 고통'으로는 오직 소비에 필요한 노력만이 남지 않을까 하는 생각이 든다. 그러나 이 유토피아조차 생명과정에 본질적인 세계의 무상함을 바꾸지 못한다. 영원히 반복하는 생물학적 삶의 순환이 거쳐야만 하는 두 단계, 즉 노동과 소비 단계의 비율이 변해서 거의 모든 인간 노동력이 소비에 소모될 정도가 될 수 있다. 이에 부수적으로 심각한 사회문제인 여가문제, 즉 소비능력을 온전하게 유지하기 위해 일상의 피로를 풀 수 있는 기회를 어떻게 제공하는가 하는 문제가 발생할 수도 있다.[34]

다시 말해 자동화가 고도로 발전하면 인간은 노동에서 해방되는 동시에 많은 시간을 소비에 쓰게 된다는 것이다. 이래서는 인간이 '노동하는 동물'에서 '소비하는 동물'로 변모했을 뿐 여전히 노동-소비라는 동물적인 삶의 과정에서 탈피하지 못한다.

그러나 지금 우리가 소비에 지나치게 시간을 쓰는 이유의 반은 노동의 피로를 달래기 위해서가 아닐까. 노동이 사라지면 그러한 소비는 할 필요가 없다.

또는 여전히 소비를 계속한다 해도 노동시간이 극도로 적어지면 남아도는 시간에 사람들은 그림을 그리거나 까다로운 책을 읽거나 거리의 카페에서 정치 얘기를 나눌지도 모른다. 지금처럼 하루 10시간이나 일하고 녹초가 되어 집으로 돌아오면 술이나 마시면서 TV를 보다 자는 게 고작이다.

우리가 '작업'과 '행위'에 힘쓰려면 더 긴 자유시간이 필요하다. 아렌트가 말하는 의미에서 인간이 계속 인간으로 존재할 수 있으려면 고대 그리스의 시민처럼 노예를 소유해야 한다.

미래의 경제는 AI와 로봇을 포함한 기계가 노예 역할을 해준다. 우리는 노동을 기계에 맡기는 한편 '작업'과 '행위'에 많은 시간을 쓸 수 있다. 노동에서 해방되어야 비로소 인간은 동물이 아닌 인간으로서 살 수 있다. 그러한 의미에서 AI와 기본소득에 의한 혁명은 아렌트가 바라는 세계를 가져올 것이다.

인류에게 남은 마지막 논제

노동이 필요 없는 미래에서 사람들은 무엇을 하며 시간을 보낼지 상상할 때 고대 그리스 사회를 보면 참고가 된다. 아테네 같은 폴리스(도시국가)의 시민은 노동을 꺼려서 노예에게 맡기고 자기들은 정치와 예술, 학술(철학과 수학), 스포츠에 열중했다. 아렌트가 말한 '작업'과 '행위'다.

미래에도 가치 판단을 요구하는 정치와 예술은 AI의 지원을 받겠지만 결국에는 인간이 직접 할 것이다. 범용 AI가 아무리 인간과 거의 같은 일을 할 만큼 발전해도 최소한 금세기 동안에는 인간이 가진 모든 감성과 감각, 욕망을 갖출 수는 없다고 예상하기 때문이다.

과학적인 연구의 대부분은 인간 대신 AI가 하더라도 지적 호기심을 충족시키기 위한 학술적인 탐구는 인간의 오락적인 행위로서 남는다. 노동윤리는 사라질지언정 '소속 욕구'까지 없어지지는 않으므로 미래의 사람들은 죽을 때까지 대학에 소속되어 있을지도 모른다.

타인으로부터 인정받고 싶은 '인정욕구'도 노동에 의해서가 아니라 스포츠 경기에서 이기는 것으로 충족시킬 테니 사라지지 않는다. 로봇 야구대회가 개최되거나 로봇이 인간보다 월등히 뛰어난 강속구를 던진다 해도 인간의 야구대회를 대체하지는 못한다. 오늘날 자동차 경주와 육상경기가 전혀 다른 종류인 것과 같다.

어쨌든 AI와 기본소득이 보급되어 노동이 필요 없는 사회는 고대 그리스처럼 활력이 가득한 사회일 가능성이 있다.

그러나 고대 그리스에 어울리는 것이 없는 한 가지 요인을 고려하면 전혀 다르게 귀결한다. 바로 가상현실의 발달이다.

AI와 로봇이 재화를 무진장 생산하는 더할 나위 없이 풍요로운 경제가 도래해도 현실 세계에서는 인정욕구를 완벽하게 충족시킬 수 없다. 우리는 여전히 스포츠에서 지거나 실연당하거나 남에게 욕을 먹을 것이다.

반면에 VR 안은 아무도 상처 입지 않는 상냥한 세계다. 그러나 모두가 그러한 VR을 탐닉하면 활력이 전혀 없는 퇴폐적인 사회가 된다. VR이 흥미롭긴 하지만 AI 이상으로 평범한 인간의 행위를 송두리째 무너뜨릴까봐 두려워서 떨고 있다.

평생 VR에 빠져 살아도 되는지 아닌지는 인류에게 남겨진 마지막 논제일 것이다. '공리주의'에 입각하면 VR을 탐닉하거나 퇴폐적인 사회도 사람들이 행복감을 얻는 한 문제가 아니다. 자유지상주의에 입각하면 VR에 빠져 사는 것도 인간의 자유이며, 자유주의에 입각하면 VR 안의 사회는 큰 불행이 소멸한 더 평등한 사회다.

VR 중독자에게 없는 것은 아렌트가 말하는 '행위'이며, 유교가 말하는 '덕'이고, 공동체주의가 말하는 '공통선'이다. 현대의 정치사상 중에서 공동체주의만이 은둔형 외톨이를 비판하듯이 VR 중독자를 비판할 수 있다.

영화 〈매트릭스〉는 실로 이 주제를 다루고 있다. 주인공 네오는 기계의 지배에서 벗어나 더 인간답게 살기 위해 VR 세계를 빠져나와서 기계와 싸웠다. 과연 우리는 〈매트릭스〉의 네오가 될 수 있을까?

안락한 VR 세계가 아니라 고뇌와 전쟁으로 가득한 현실 세계에서 살아야 하는가, 아니면 불행해지면서까지 인간으로서의 긍지를 추구해야 하는가. 살찐 돼지보다는 배고픈 소크라테스가 되어야 할까. 지금은 확실한 대답을 할 수가 없다.

'머리말'에서 썼듯이 기본소득에 관한 좋은 책이 이미 몇 가지 출판되어 있다. 본문에서 충분히 소개하지 못한 훌륭한 책으로 네덜란드의 역사학자 뤼트허르 브레흐만의 『리얼리스트를 위한 유토피아 플랜』이 있다.

이 책에서 기술한 내용은 하나같이 중요해서 깊이 수긍하거나 놀라운 부분에 빨간 줄을 그으면서 읽었더니 온통 붉게 칠해져 있었다.

이 책은 '기본소득을 지급하면 사람들이 나태해진다'라는 속설을 역사적 사례와 상세한 자료를 바탕으로 조목조목 반박한다. 가난한 사람에게 돈을 주면 대개는 더 활동적이고 생산적인 삶을 산다.

어쨌거나 경제문제에 관한 우리의 직감은 대부분 사실에 반하는 듯하다. 잘못된 직감을 바탕으로 한 상식에 얽매여 있어서 해결 가능한 문제를 방치하고 있는 것이다.

18세기 영국에서는 상당수가 '굶주림에 직면하면 노동자는 일하지 않는다'라고 주장했으나 지금은 이런 주장을 좀처럼 만날 수가 없다.

예전에는 남녀평등과 노예해방도 극단적인 개혁안이었지만 오늘날에는 상식이다. 얼핏 엉뚱하게 생각되는 기본소득이 당연한 제도가 되는 날은 그리 먼 미래가 아닐 것이다.

마지막으로 원고를 엄청나게 늦게 보내도 끈질기게 기다려준 담당 편집자 고마쓰小松現 씨에게 감사드린다.

그 밖에도 감사의 마음을 전하고 싶은 분은 많으나 이 책을 집필할 때 직접 조언해주신 분들로 그치겠다. 마쓰오 다다스松尾匡, 다카하시 신야高橋しんや, 시나가와 슌스케品川俊介, 쓰즈키 에이지都築栄司 씨다. 독자 여러분께도 감사의 마음을 바친다.

2018년 3월

이노우에 도모히로

1 스턴, 1759.

2 마쓰오 다다스松尾匡, 『케인스의 역습, 하이에크의 혜안ケインズの逆襲, ハイエクの慧眼』에서도 같은 내용을 기술하고 있다.

3 고가이단, 『일하지 않는 자, 먹지도 말라働かざるもの, 飢えるべからず』의 제목에서 따왔다.

4 뤼트허르 브레흐만Rutger Bregman, 『리얼리스트를 위한 유토피아 플랜 *Utopia for Realists*』.

5 프리드먼, 1962.

6 오자와 슈지小沢修司, 『복지사회와 사회보장개혁―기본소득 구상의 새로운 지평福祉社會と社會保障改革―ベ—シック·インカム構想の新地平』은 사회보장을 '현금급부'와 '물적 급부'로 분류하는데, 그것들은 일반적으로 이 책에서 말한 '빈곤층 지원'과 '장애자 지원'에 대응한다.

7 스탠딩, 2017.

8 괴테, 1831.

9 노구치 아사히野口旭, 「아베노믹스가 고용 개선에 기여한 근거アベノミクスが雇用改善に寄与した根拠」에 근거해 지적했다.

10 이 경우의 화폐는 '본원통화monetary base'다.

11 1972년에 국립은행 조례가 제정된 이후 민간은행이 각기 지폐를 발행했는데 1882년에 일본은행만이 발권은행이 되었다.

12 스탠딩, 2017.

13 류케이, 1992.

14 일본은행의 홈페이지에는 "일본은행 이익의 대부분은 은행권(일본은행에는 무이자의 부채)의 발행과 교환에 보유한 이자가 붙는 자산(국채, 대출금 등)에서 발생하는 이자 수입으로, 이러한 이익은 통화발행 이익이라고 부릅니다"

라고 적혀 있다. 이는 언뜻 보면 1만 엔권 중 9,980엔을 화폐발행 이익으로 여기는 입장과 다르지만 둘의 액수는 계산상으로는 같다.

15 케인스, 1936.

16 케인스, 1919.

17 라파르그, 1883.

18 케인스, 1931.

19 이하라, 1686.

20 여기서 말하는 입헌군주파는 푀이양파Feuillant이며 공화파는 지롱드파 Girondins다.

21 단, 1795년 이후는 제한선거였으며, 남성 보통선거가 제도적으로 도입된 것은 1848년 제2공화국이 성립한 이후다.

22 아시즈 우즈히코葦津珍彦 등 소수지만 태평양전쟁에 반대했던 우익 운동가들이 있다.

23 엔도 외遠藤他, 2017.

24 이 경우의 의무란 칸트와 존 롤스가 주장한 보편적인 의무가 아니라 공동체 안에서만 통용되는 국소적인 의무다.

25 스피노자, 1677.

26 크로스비Crosby, 1997.

27 게레멕, 1989.

28 위와 같음.

29 위와 같음.

30 위와 같음.

31 아렌트, 1958.

32 위와 같음.

33 위와 같음.

34 위와 같음.

참고문헌

1 Arendt, Hannah, 1958, *Vita activa oder vom tätigen Leben*.
   국역: 한나 아렌트 지음, 이진우 옮김, 『인간의 조건』, 한길사, 2017.

2 Friedman, Milton, 1962, *Capitalism and Freedom*.
   국역: 밀턴 프리드먼 지음, 심준보·변동열 옮김, 『자본주의와 자유』, 청어람미
   디어, 2017.

3 Crosby, Alfred, 1997, *The Measure of Reality: Quantification and
   Western Society*.
   국역: 앨프리드 W. 크로스비 지음, 김병화 옮김, 『수량화 혁명―유럽의 패권
   을 가져온 세계관의 탄생』, 심산, 2005.

4 Geremek, Bronisław, 1989, *Litość i szubienica: dzieje nędzy i
   miłosierdzia*.

5 Goethe, Johann Wolfgang, 1831, *Faust, der Tragödie zweyter Theil*.
   국역: 요한 볼프강 폰 괴테 지음, 정서웅 옮김, 『파우스트』, 민음사, 1999.

6 Keynes, John Maynard, 1919, "The Economic Consequences of the
   Peace".
   국역: 존 메이너드 케인스 지음, 정명진 옮김, 『평화의 경제적 결과』, 부글북스,
   2016.

7 Keynes, John Maynard, 1931, *Essays in Persuasion*.
   국역: 존 메이너드 케인스 지음, 정명진 옮김, 『설득의 경제학』, 부글북스,
   2009.

8 Keynes, John Maynard, 1936, *The General Theory of Employment,
   Interest and Money*.
   국역: 존 메이너드 케인스 지음, 조순 옮김, 『고용, 이자 및 화폐의 일반이론』,
   비봉출판사, 2007.

9 Lafargue, Paul, 1883, *Le droit à la paresse*.
   국역: 폴 라파르그 지음, 조형준 옮김, 『게으를 수 있는 권리』, 새물결, 2013.

10 Spinoza, Baruch De, 1677, *Ethica*.
   국역: 바뤼흐 스피노자 지음, 조현진 옮김, 『에티카』, 책세상, 2006.

11 Standing, Guy, 2017, *Basic income: and how we can make it happen*.
   국역: 가이 스탠딩 지음, 안효상 옮김, 『기본소득—일과 삶의 새로운 패러다임』, 창비, 2018.

12 Sterne, Laurence, 1759, *The Life and Opinions of Tristram Shandy, Gentleman*.
   국역: 로렌스 스턴 지음, 김정희 옮김, 『신사 트리스트럼 샌디의 인생과 생각 이야기』, 을유문화사, 2012.

13 이하라 사이카쿠井原西鶴, 『(신판) 색을 밝히는 5인의 남녀新版 好色五人女』(角川ソフィア文庫).

14 엔도 마사히사遠藤晶久・미무라 노리히로三村憲弘・야마자키 아라타山﨑新, '유신은 진보, 공산은 보수, 여론조사로 보는 세대 간 단절維新はリベラル, 共産は保守, 世論調査にみる世代間斷絶', 『중앙공론中央公論』 2017년 10월호.

15 류케이 이치로隆慶一郎, 1992, 『이치무안 풍류기一夢庵風流記』(集英社文庫).

모두를 위한 분배

AI 시대의 기본소득

2019년 7월 5일 초판 1쇄 발행

지은이 | 이노우에 도모히로
옮긴이 | 김소운
펴낸곳 | 여문책
펴낸이 | 소은주
등록 | 제406-251002014000042호
주소 | (10911) 경기도 파주시 운정역길 116-3, 101동 401호
전화 | (070) 8808-0750
팩스 | (031) 946-0750
전자우편 | yeomoonchaek@gmail.com
페이스북 | www.facebook.com/yeomoonchaek

ISBN 979-11-87700-31-9 (03300)

이 도서의 국립중앙도서관 출판시도서목록(cip)은 e-CIP 홈페이지
(http://www.nl.go.kr/ecip)에서 이용하실 수 있습니다(CIP 제어번호: 2019022998).

여문책은 잘 익은 가을벼처럼 속이 알찬 책을 만듭니다.